U0909877

项目有了，看你怎么去执行

XIANGMU YOULE KANNI ZENME QUZHIXING

张俊杰◎著

中国财富出版社

图书在版编目(CIP)数据

项目有了,看你怎么去执行 / 张俊杰著.—北京:中国财富出版社，2015.3
ISBN 978-7-5047-5389-2

Ⅰ.①项… Ⅱ.①张… Ⅲ.①项目管理—研究 Ⅳ.①F224.5

中国版本图书馆 CIP 数据核字(2014)第 228930 号

策划编辑 张彩霞 **责任印制** 方朋远
责任编辑 张彩霞 **责任校对** 饶莉莉

出版发行 中国财富出版社
社　　址 北京市丰台区南四环西路 188 号 5 区 20 楼 **邮政编码** 100070
电　　话 010-52227568(发行部) 010-52227588 转 307(总编室)
010-68589540(读者服务部) 010-52227588 转 305(质检部)
网　　址 http://www.cfpress.com.cn
经　　销 新华书店
印　　刷 北京高岭印刷有限公司
书　　号 ISBN 978-7-5047-5389-2/F·2241
开　　本 880mm×1230mm 1/32 **版　　次** 2015 年 3 月第 1 版
印　　张 11.25 **印　　次** 2015 年 3 月第 1 次印刷
字　　数 262 千字 **定　　价** 32.00 元

序言

职场小虾米，没有丰富的项目管理经验，对执行流程也是一知半解，突然临危受命怎么办？

项目管理者，虽然上得厅堂下得工厂，对项目的各项管理工作也是了如指掌，但如果领导突然交给你一个大项目，你能带领项目成员打一场漂亮的“翻身仗”吗？

综观整个职场，超过98%的工作都与项目有关。显然，如果不懂项目执行根本就没有立锥之地。要想成为一个能力拔尖的项目成员、一个出色的项目管理经理，必须精通项目的执行之道。

项目中标后，关键看你怎么去执行。兵家有云，“知己知彼，方能百战不殆”，项目执行也是如此，只有先搞清楚项目的来龙去脉，将客户的项目需求分析透彻，对项目的类型、内容、耗时、规模以及所需技术、资源等都了解清楚，在执行项目的时候才能做到心中有数，在实施项目任务的过程中才能做到有备无患，泰山崩于顶而依然面不改色。

做好了“探知敌情”的工作后，就到了立规矩的时候。诚然，项目管理者的个人魅力对整个项目的执行也起着不可忽视的作用，但完全凭借个人领导魅力是管不好项目团队的，要想将项目团队管得井井有条，主要还是要依靠规章制度。只要建立了完善合理的规章制度，那么即便是职场“菜鸟”也能成为项目管理高手。因此，项目管理者可以没有经验，可以没有资历，也可以不具备什么领导特长，但必须要懂得并善于运用制度，这是做好项目管理的一大法宝。

如果从一开始就选错了项目的执行方向，那么付出的努力和汗水越多，我们距离目标就会越远。因此在执行项目前，一定要领会客户的项目意图，明确项目目标以及项目计划等，只有这样才能避免因盲目行动而造成的资源浪费。

凡事预则立，不预则废，如果没有计划那么项目迟早都会被计划掉。提前制订项目执行进度表是非常有必要的，此举不仅能避免执行过程中的“拖拉”“磨洋工”等常见现象，还能帮助我们及时掌握项目执行情况，从而在客户的限定时间内完成任务。

项目的执行离不开“人”，作为项目管理者，组建项目团队也是一项重要的执行工作。接到任务后，组建项目团队前，我们必须明确：项目需要什么样的成员，需要怎样的项目团队，需要如何处理人与人之间的关系，需要以怎样的组织结构来工作……这些信息的掌握对于组建高效的项目团队有很大的参考价值和借鉴意义。

实际上，项目执行并不难，关键是要具备基本的执行素质。对项目管理人员来说，可以通过赏罚有序的制度来激发项目成员的工作积极性，可以凭借自愿上大项目“贼船”的勇气来获得丰富的项目执行经验，可以在细致、认真、尽责等素质的引领下尽可能完美地完成项目中的小细节……

此外，沟通工作也是十分重要的，与客户的无障碍沟通可以帮助我们明确项目目标，与项目成员之间的沟通能够增强项目团队的团结合作，与项目领导的沟通则可以帮助我们获得更多的资源和政策支持。

在今天这个拼学历、拼经验的激烈竞争年代，不懂项目管理，怎么混职场？如果你想凭借自身能力赢得老板信任，想顺利交付“不可能完成”的大项目，想在业绩评估中获得更高的评语，想在人才济济的同事中脱颖而出，就必须懂得项目执行和管理。

执行项目并非按部就班工作这么简单，其中涵盖了确立目标、制定规矩和计划，组建团队以及项目验收等诸多内容。项目执行虽然复杂，但是有章可循，只有从战略上重视它，思想上藐视它，具体操作的过程中才能顺风顺水，出色地完成任务。

好项目执行到位，会给公司带来丰厚的利润，而优秀的项目管理者则在其中扮演了掌舵人的角色，是整个项目获得成功的重要保证。不管你是项目管理的门外汉，还是刚刚跨入职场的“菜鸟”，抑或是遭遇事业瓶颈的项目管理精英，本书都能给你带来关于项目管理方面的知识与启示。

上大项目难，执行好大项目更难，最重要的是找对方法做对事。相信读完本书，你一定会发出感叹：原来项目要这样执行才能赢！

著 者

2014 年 8 月

目 录

第一章

上得厅堂下得工厂：

不懂项目管理，你还敢混职场

第二章

先定规矩后立项：“菜鸟”也能掌舵大项目

第三章

领会项目意图：不怕任务繁重，就怕盲目行动

第四章

制定项目进度表：没有计划的项目一定被计划掉

第五章

组建成功的项目团队：人多未必有利于项目完成

第六章

项目经理的执行思维：8小时工作24小时思考

第七章

善于分解项目：
分工看似“小事情”，却有“大门道”

第八章

项目执行与授权：授权项目成员最忌“半授不授”

第九章

汇报工作是门技术：能说会道才能当好“项目经理”

第十章

为项目挤出时间：你的效率是整理出来的

第十一章

项目执行重细节：小事情关乎项目大成败

第十二章

沟通比方案更重要：别让好项目败在不会说话上

第十三章

别让拖延毁了项目：干掉影响执行的消极因素

第十四章

读懂职场关系学：工作氛围好项目才能干得好

第十五章

卸掉成员的“思想包袱”：不让情绪影响项目的执行

第十六章

项目成本管理：将执行成本控制在预算范围内

第十七章

别为过错找理由：项目执行中不要找任何借口

第十八章

项目团队激励：执行中确保每个人干劲冲天

第十九章

项目风险管控：预测项目风险，完善应对方案

第二十章

做好项目收尾工作：让你的工作有一个完美的结局

第一章

上得厅堂下得工厂：不懂项目管理，你还敢混职场

超过 90%的人类活动都是通过“项目”这种形式完成的。一个优秀的经理人或中层骨干，如果不懂项目管理，还怎么混职场？进，可以入厅堂与客户进行项目交流；退，可以深入工厂实时掌控项目执行细节，这是项目管理者必备的看家本领。

1.公司运作离不开项目管理

项目管理起源于20世纪下半叶，最初用于军事和航天事业等大型开发工程。美国和苏联两大强国旷日持久的军备竞赛，促使项目管理技术逐渐走向完备。此后，项目管理逐渐渗透到企业管理领域。进入21世纪，越来越激烈的市场竞争迫使企业开发产品的速度越来越快，公司运作也越来越离不开项目管理。

(1) 传统组织结构的不足

风云变幻的市场和越来越快的产品开发速度使得传统的组织结构捉襟见肘，从长远来看，企业对市场反应越快越灵活，才越可能获得成功，而要想提高企业的管理效率，就必须要依赖跨部门的项目组织。

(2) 项目管理的自由性

如今，以项目组织的形式进行工作并不稀奇，从建筑行业的工程师事务所、律师行业的律师事务所，到公司顾问处、研究所等，无一不是项目组织。一般来说，项目组织形式比传统的等级制结构形式更为自由，各层级、各部门之间的“壁垒”被打破，大大提高了项目实施的整体效率。

(3) 项目管理的把关作用

从公司的角度来看，项目管理扮演着“把关人”的角色。如果项目一开始就走入了歧路，那么在后期的纠偏过程中必然耗资巨大，还会耗时、耗力。自成一体的项目管理方式可以有效避免“一叶障目，不见泰山”的情况，能够在项目开始时起到把关作用。因此，采用项目管理方式运作公司可以大大降低经营风险。

【项目管理法】　项目管理可以在项目的整个实施过程中对项目进行规划、掌控和监督，不仅能够提高管理效率，还能节省项目开支，降低项目实施的不确定性风险。所以说，公司运作离不开项目管理。

2.搞清楚项目的来龙去脉

从建造一座水坝、开发一个新产品，到举办一场晚会、设计并运行一个管理软件，都可以看作是项目。所谓项目，简单地说，就是在既定资源和费用、期限等要求的约束下，为实现某种目的而相互联系的一次性工作任务。有专家指出，人类的活动有 50%是通过项目的形式来开展的，因此我们必须搞清楚项目的来龙去脉。

具体来说，项目的含义有三层：

(1) 项目是一个过程，而非结果

必须明确一点，项目自身是动态的，而非静态的，也就是说，项目是一项有待完成的任务，而不是过程终结后所形成的成果。比如，人们把一栋大楼的建设过程称为一个项目，而不会把大楼本身称为项目。

(2) 项目必然会受到有限资源的约束

大到三峡工程，小到开发新市场，任何一个项目的实施都会受到有限资源的束缚，这些有限资源既包括环境、技术水平、质量要求、资金预算、人力资源等，也包括项目经理的管理理念以及对整个项目进度的掌控等。

(3) 项目的实现依赖于相应的要求

一般来说，项目合同中都有关于项目性能、质量、数量、技术指标、验收标准等的要求，只有满足这些要求，才能顺利实现项目目标并最终将项目交付给客户。也就是说，项目的实现依赖于客户的相应要求。

【项目管理法】 任何一个项目都有明确的目标、独特的唯一性，都会受到资源以及成本的约束。项目的结果具有很大的不确定性，且项目只能实施一次，既不能重复，其结果也不可逆转。

3.项目管理需求分析

项目成员与客户的立场和出发点不同，这就注定了双方对项目需求的理解也会存在差异。因此，要想在执行项目的过程中避免行动偏差，就必须在项目执行之前了解客户背后的真实需求，否则很容易影响项目的结果和实施效率。一个有经验的项目经理往往能够从客户角度出发，从而找到项目背后的真实需求，并最终更快、更有效、更经济地解决问题。因此，每一个项目成员都应该具备这样的意识：

(1) 对整体工作进行综合评估的意识

“知己知彼，百战不殆”，作为项目组成员，只有在制订工作计划前，对即将进行的工作有一个整体的综合性评估，才能对每一个模块的工作量和难度做到心中有数，对于哪个阶段做什么才会有更为合理的计划和安排。

(2) 对项目客户的整体认知意识

每个项目客户都有不同的脾气秉性、表达需求，对项目要求的方式也不尽相同。有些人习惯一次性交代清楚，而有些人则更喜欢走到哪步说哪步，只有对项目客户有一个整体上的认知，才能挖掘到他们的真实需求，从而更好地实施项目。

(3) 项目跟进调整意识

项目的管理需求并不是一成不变的，不同实施阶段有不同需求，客户的需求也可能随着项目的进程而发生不可预料的变化和转移。因此，在项目的执行过程中，一定要对其进行及时跟进，并依据具体情况对项目计划进行有针对性的调整。

【项目管理法】 一般来说，项目成员大多关心的是“工作量”“难度”等，而客户关注的则是项目的实用性以及后期带来的效益等，如果没有理清项目管理需求就行动，结果很可能是无用功，所以在项目执行之前，一定要对项目进行细致的管理需求分析。

4.通过项目指数掌握大局

人们常说做大事者不拘小节，在现实生活中，不少项目管理人员总执着于快速掌握项目的全貌，结果却在不知不觉中忽视了关键细节。千万不要小看一些细碎的项目指数，有时候，这些指数完全可以成为我们掌握项目全貌的关键点。可是项目指数有很多，哪些才是值得我们重点了解和关注的呢？

（1）项目实现程度与预算消耗指数

如果项目的资金预算已经消耗了50%，该项目依然停留在刚开工阶段，那么作为项目成员，就必须对此引起足够的重视，并对这种现象的原因进行深入分析，以适时调整工作计划。

（2）项目在执行过程中的风险指数

任何项目在执行过程中都会存在风险，但在不同时期所面临的风险指数却各不相同。如果风险指数突然大幅度上升，那么项目成员就必须仔细查找风险的来源以及控制办法。

（3）项目规模与所占人数比例

多少人干多大的项目，让几个人完成一个大型项目必定旷日持久，但如果一个小项目还安排很多人，那么项目成员的工作效率必然大打折扣。项目本身的工作量与安排的人数要相得益彰，过多或过少都会成为一个问题。

（4）项目成本与收益的比例

只有当项目收益大于成本时，项目的实施才有商业价值和现实意义。作为项目成员，必须要关注成本与收益的比例，如果在收益一定的情况下，成本一直在快速攀升，那么很有可能是项目内部运作出了毛病。

【项目管理法】 过度关注项目指数只会被各种各样的“数字”埋进坟墓，只有在纵观大局的情况下掌握项目的关键以及重要数据，才能管中窥豹，运筹帷幄。

5.什么时候上项目

什么时候需要上项目？我们的日常工作就是项目工作，表面看起来，这个问题似乎很肤浅，殊不知安排项目的执行也是一门不小的学问。尽管现实社会里处处都是项目，但这些项目的大小和情况却各不相同，比如一个人就能完成的项目，完全不必要浪费过多的启动时间，这就要求项目经理要具体情况具体分析。

(1) 紧急项目紧急安排

紧急任务由于时间紧迫，在工作量不是很大的情况下，能不组建项目团队就不要组建团队，尽管磨刀不误砍柴工，但毕竟组建项目团队和接受任务都需要太多时间，反倒不如特殊情况特殊处理。

(2) 上项目时要避免内耗

俗话说，有人的地方就有江湖，作为一个集体，项目团队和普通集体一样会存在内部矛盾和分歧。在项目的具体执行过程中，必须要重视内耗的问题，哪怕项目再急，也坚决不能把项目建立在你死我活的内斗之上，否则结果必然是悲剧。

(3) 不要等到万事俱备再开工

有些项目本身任务复杂，需要调动整个公司的资金、技术、人力等多方面资源，要知道这些资源是很难在短时间内聚集到一起的，如果等到万事俱备再开工，很可能会影响整个项目的进程。

【项目管理法】 项目成功不仅需要一定的地利、人和，还需要找准时机。同样一个项目早开工的很可能赚得盆满钵满，晚一步则优势尽失，因此什么时候上项目绝对是考验项目经理能力的一项重要指标。

6.项目管理中的角色分析

作为项目管理人员，我们在任何一个项目的管理过程中都会遇到形形色色的参与者，其中既有被业界人士称为甲方的出资方等大佬，也有具体到项目执行的一个小小项目成员。要想处理好这些参与者之间的关系，首先就必须要对项目管理中的各类角色进行具体而深刻的分析。

(1) 授权方

授权方也就是我们通常所说的出资方，他们出资额的高低以及后期能否追加资金等，都直接关系着项目的成败。但就现实情况来看，授权方在出资方面往往精打细算、并不大方，至于在项目执行过程中遭遇资金吃紧时追加投资更是难上加难。

(2) 利益方

项目的利益方往往并不仅仅是某一个人，从项目开发者、出资者，到项目管理者及其相关配套企业等都属于利益方，在利益方面谁都想多分一杯羹，如何平衡各方的利益则是项目实施的关键。

(3) 项目经理与成员

项目经理肩负着项目的启动、具体工作计划的制订以及具体工作安排等重任；而项目成员则是必不可少的项目执行者。要想让项目在规定时间内保质保量地完成，就必须想方设法地调动这些人的工作积极性。

【项目管理法】 尽管不同的项目其参与项目的角色也不尽相同，但基本上都可以分为：授权方、利益方与管理执行方三大类。只要我们对这三大类角色了如指掌，那么项目管理的过程中自然会如鱼得水。

7.对项目的类型心中有数

世界上没有两片完全相同的树叶，也没有完全相同的项目，尽管项目与项目之间总是会有这样或那样的差别，但它们还是有共性的。我们可以按照不同的标准把它们划分为以下几种类型。

（1）按照规模大小分

按项目规模可以粗略划分为两类：大项目和小项目。大项目意味着大耗资，有些巨型项目甚至需要几个公司合并，甚至需要调动各方面资源成立新公司，因此必要时要将大项目拆分成N个小项目来完成。

（2）按照风险大小分

从项目的执行角度来说，不同项目在操作时的风险是截然不同的，既有大风险项目，也有小风险项目。一般来说，持续时间越长、预算越高、规模越大、执行越复杂的项目，其风险也就越大。此外，涉及新战略的项目往往风险也会较大。

（3）按照重要程度分

企业为了管理方便，往往会按照重要程度对所有项目进行分类和划分等级，比如A项目、B项目或者C项目。项目越重要，其投入的各类资源就越多，反之则越少。评估项目的重要程度是项目管理和执行的最重要的前提条件，对此每一个项目成员都应该做到心中有数。

【项目管理法】 只有先对项目进行“望闻问切”，从各个不同的角度摸清该项目的类型，才能在管理和执行的过程中“对症下药”，从而在日常工作中做到“药到病除”。

8.项目可行性研究

为了尽可能地减少项目执行时的困难和阻力，在启动项目之前，我们必须做好项目的可行性研究。进行项目可行性研究，不仅可以有效规避企业的经营风险，还能克服投资的盲目性。那么，具体来说，应该从何做起呢？

(1) 启动可行性研究的 3 大步骤

首先组建一个可行性研究团队，其中包括技术、金融、营销、经济、法律、环境方面的专家。其次明确成本、时间等约束条件，并确定可行性研究范围，必要时引入外部专家。最后根据项目的实际情况制订可行性研究的具体计划，并对其预算、进度进行计划和安排。

(2) 详细考察评估各个项目方案

尽可能多地考察备选方案也是可行性研究的重要组成部分，不论是不是最终选定方案，都要对其进行细致的分析，以便找到更加完美的项目执行办法。此外，为了保证项目方案评估的客观公正性，还必须保证评价体制的多样性和多角度。

(3) 对可行性研究进行管理

只要制订了可行性研究计划，就一定要对其进行跟踪、反馈、修正和管理。一方面要明确每个团队成员的职责和工作范围，另一方面又要做好内部交流和沟通工作，并对可行性研究的各个方面进行协调和监督。

【项目管理法】 要想规避风险，增加项目执行的成功率，就必须在决策之前做好项目的可行性研究工作，否则稀里糊涂地乱上项目很有可能会铸成大错。

9.如何进行多项目管理

不想当将军的士兵不是一个好士兵，同理，不能进行多项目管理的人注定也不能成为一个出色的项目经理。所谓多项目管理，就是同时对多个项目进行全生命周期的管理，这种管理模式集选择、评估、计划、控制、执行以及收尾等各项工作为一体，是企业以及政府部门等在长期的管理实践中总结出来的最优项目管理方式。因此，作为一个项目管理人员，就必须要学会进行这项管理技能。那么，怎样才能进行多项目管理呢?

(1) 优先化管理

顾名思义，优先化管理就是根据项目的重要程度以及紧急程度进行先后排序，一般来说，对企业战略实施越重要、越紧急的项目，越应该排在较为靠前的等级。一旦确定了项目执行的优先等级，据此进行资源的合理分配即可。

(2) 变更化管理

任何项目的执行和实施都处在一个不断变化的状态，作为项目管理人员，一定要对每一个项目的变更以及动态等进行实时跟踪，并依据这种动态的变化，综合安排各项工作以及各类资源的分配等。

（3）容量管理和时间管理

与单个项目一样，多项目管理也要面临资金、人力、技术以及时间等多种因素的限制，因此，项目经理在进行多项目管理的过程中，必须要时刻谨记自己所能调动的全部资源容量以及所拥有的时间资源，只有这样才能做出最为合理的资源分配和时间安排。

【项目管理法】　多项目管理不仅能够对企业所拥有的有限生产要素和资源进行优化组合，还能分散风险、提高资源有效利用率，从而帮助企业实现效益最大化。也就是说，多项目管理是所有项目经理的职业必修课。

10.合理变更项目有门道

在项目的执行和实施过程中，出于方方面面的原因，有时候我们必须要对项目进行合理变更。值得注意的是，项目变更并不是一件小事，一旦变更不当，很可能会影响团队内部的团结和沟通，甚至会导致项目成员之间产生强烈的敌对情绪，从而影响整个项目的执行进程。要想避免这种情况发生，就必须要掌握项目变更的方法和步骤。

（1）明确项目的变更目标

项目变更是为了解决问题，而非为了变更而变更，因此项目经理一定要明确客户的要求，找准项目变更的目标。否则项目成员很难找到具体工作的方向，即便最终完成了项目，也难以实现与客户要求的零对接。

(2) 在项目计划中预留变化空间

如果在最初制订项目计划时，就考虑到了后期的项目变更，那么一旦遇到需要变更的情况就自然容易处理得多。把项目变化融入项目计划的办法，可以帮助我们通过新旧计划对比迅速明确项目变化对预算、资源分配以及整体进度等各方面的影响。

(3) 尽可能选择冲击量小的方案

一般来说，微创手术肯定要比伤筋动骨更容易恢复得多，项目在执行过程中的变更也是如此，项目变更方案的涉及面越广、冲击量越大，越容易造成整个项目系统的管理混乱，因此要尽可能选择冲击量小的方案和办法。

【项目管理法】 合理变更项目也有技巧，用发展的眼光来看，项目变更是一个动态的过程，它始于项目的变化，终于项目计划修订的完成。作为项目经理，必须要时刻掌握第一手信息和资料，并辅以一定的方法和技巧，只有这样才能在关键时刻顺利完成项目计划的中途变更。

11.项目管理成功的关键

简单来说，一个成功的项目必须要符合以下三个标准：一是项目必须在客户规定的时间内完成；二是预算必须控制在既定的范围内；三是项目完成的质量要符合客户的要求。作为一个项目管理人员，怎样才能成功完成项目的管理呢？其中都有哪些关键原则需要把握呢？

(1) 对项目目标进行深入分析

没有目标就等于失去了前进的方向，项目经理在组织项目执行团队以及启动项目前，必须要对项目目标进行深入、透彻的分析，并在业务需求中找到充分的依据，只有这样才能明确项目执行的方向。

(2) 安排工作时要做到责权对等

只有被赋予一定的权利才能承担相应的责任和义务，不少项目管理人员热衷于“集权化”管理。为了保证中心领导地位，进行集权化管理本是无可厚非，但过度集权往往会弱化项目成员的“工作”潜能和创造力。因此，项目经理要学会适当放权，做到责权对等。

(3) 挑出执行项目的最佳人选

兵熊熊一个，将熊熊一窝，可以毫不夸张地说，挑选项目组成员水平的高低直接影响着整个项目的后期实施和执行。如果能够挑选出一批受过相应技能培训、经验丰富，又具有高素质的人才，那么很容易弥补项目其他方面的缺陷和不足。

【项目管理法】　管理一个项目必然要涉及工作的方方面面，但我们千万不能“眉毛胡子一把抓”，一定要找到施力的关键点。只有牢牢把握住项目成功管理的关键，才能实现事半功倍的管理效果。

12.成功从大胆接受项目任务开始

在日常工作中，领导有时会安排一些有难度的项目，面对这种情况，有些项目经理往往感觉心里不踏实，担心在项目的执行过程中会出现难以处理的麻烦和意外，到时候不仅不能如期完成任务反而会费力不讨好。一有困难就退缩的项目经理不可能有良好的职业发展前景，只有敢于大胆接受项目，才可能在迎接挑战中获得成功。

（1）必须要有服从意识

一流的项目经理必然会有超强的服从意识，GE公司原总裁杰克·韦尔奇曾经说过："最善于服从的员工，迟早都会成为这个公司中最有活力和地位的精兵。"即便领导安排的项目困难重重，作为下属，我们依然没有拒绝的权利。既然如此，与其退缩反倒不如大胆接受。

（2）学会保留自己的意见

在安排工作任务前，领导已经对项目人选、难度系数、工作时间等做出了综合性评估，并据此制订了较为详细的全盘计划。一旦项目经理选择拒绝，整个计划势必会被打乱，同时也会给领导留下负面看法，因此关键时刻要学会保留意见。

（3）不惧怕，不推辞

越是高标准、高要求、高难度的项目任务，越是存在可以脱颖而出的良机。因此，面对困难和挫折一定不要惧怕，面对项目任务一定不要推辞，还要学会主动回应，让领导看到自己的信心与决心，并放心把任务交给自己。

【项目管理法】　困难像弹簧，你弱它就强，你强它就弱。项目的难度系数就好比是一块试金石，敢于大胆接受项目并自信执行的项目经理往往会取得胜利，而选择拒绝和退缩的项目经理则会越走路越窄，甚至断送自己的美好前程。

13.做一名优秀的项目经理人

所谓“事在人为”，在项目管理中“人”的因素是所有因素的重中之重，因为任何项目活动最终都是由人来完成的。作为一名优秀的项目经理人，必须要懂得如何“排兵布阵”，如何让“人”发挥最大力量，如何让项目团队实现最优组合。

（1）解决好执行力问题

尽管项目经理是整个项目的带头人、领头人，但毕竟精力有限，不可能做到事必躬亲、面面俱到。这就要求我们在工作分工时要做到清晰、明确，在管理时要有章可循、有法可依。此外，为了保证执行力，千万不能忘了每日考核、每月总结等监督跟进措施。

（2）角色与职责的分配

哪怕是金子，放错了位置也会变成垃圾。每个人的工作特长、脾气秉性、为人处世方式等都不同，只有把他们放在最合适的岗位才能充分发挥其本身的优势。因此，项目经理在安排工作时一定要将项目角色、个人特色以及工作职责等紧密联系起来，从而实现人力资源的效用最大化。

(3) 搞好人员配备管理

俗话说，一山不容二虎，并不是把所有优秀人员都聚集到一起就能变成最有实力的项目团队。所谓“三个臭皮匠赛过诸葛亮”，只有搞好人员配备，才能实现优势互补，才能有效避免“窝里斗”的情况发生。

【项目管理法】 要想成为一名优秀的项目经理人，就必须要学会“用人”之道，这不仅包括选拔人才和技能培训，还包括组建团队以及战略战术上的“排兵布阵”。

第二章

先定规矩后立项：

“菜鸟”也能掌舵大项目

“三分靠魅力，七分靠规矩”，这是项目管理的精华。哪怕你是新入职的菜鸟，根本不知道怎么运作大项目，也不要太着急。只要在组建团队前立好规矩，定好规章制度，自然能轻松变身项目管理“达人”。

1.项目成员要有“规则意识”

没有规矩不成方圆，项目组是一个团队，如果每一个项目成员都是想做什么就做什么，那还有什么“战斗力”可言？要想避免项目团队变成一盘散沙，就必须要先定规矩再立项。怎样才能让所有项目成员都养成遵循规则的意识呢？

（1）规则不是一纸空文

事实上，制度和规则简直是无处不在，但其中有不少都是“空头文件”，它们表面看起来唬人，但实际上却是纸老虎。要想强化项目成员的规则意识，就必须打破这种“表面化”的规则现状，只有让制度和规则在不断落实中发挥作用，才能让每个项目成员都意识到规则的存在。

（2）赏罚要分明

违反规定和制度的人不罚，遵循规则的人也不赏，长此以往规则与制度的影响力势必会越来越弱。作为项目管理人员，一定要做到赏罚分明，遇到违反规定者绝不能心慈手软，同样对于那些遵守规定和制度者也要适当激励和表扬。

（3）束人先束己

最好的管理就是以身作则，如果项目经理本人都常常不遵守制度和规定，却要求其他项目组成员遵守制度和规定，那么毫无疑问，这样的管理是毫无威信和说服力可言的，唯有言传身教，甘当“规则标兵”，才能帮助所有项目成员树立规则意识。

【项目管理法】 国有国法，家有家规，同样，一个项目团队也必须要有规矩，这是实现有效管理的最基本前提。规则面前人人平等，要想让每一个项目成员都能树立起超强的规则意识，就必须摒弃“特权”等不公平做法。

2.制度管理让项目执行更规范

有些项目经理在管理项目团队的时候，往往喜欢采取个别劝说的领导方式。实事求是地说，这并不是什么明智之举，有时候你说了一大堆对方却并不一定能听进去，反倒不如依靠制度来进行规范化管理。

（1）制度可以避免混乱

如果没有严格规范的管理制度，整个项目团队很容易陷入混乱，毕竟项目经理不可能时时刻刻紧盯每个项目成员，因此要想让整个团队按部就班地开展工作，就必须要实行制度化管理。

（2）制度一定要经过大家认可

一般来说，在项目实施之前就需要设计并制定相关“游戏规则”。值得注意的是，在确定制度时一定要征求所有项目成员的意见，只有制度得到了大家的共同认可，他们才愿意在工作的过程中按照制度办事。

（3）制度管理要严格

从某种程度来说，企业发展的水平越高，制度就越详细，管理就越严格。要成为一名出色的项目经理，就必须学会“一切按制度办事”，这是促使自身管理规范化和标准化的关键所在。

【项目管理法】 作为项目管理人员，我们要学会通过各种制度来规范项目成员的工作和行动，从而使得他们依据制度来执行具体的项目工作，并最终提高项目管理的效率。

3.让成员理解制度和规则

如果项目成员根本就不知道制度和规则的具体内容是什么，那么所谓的制度管理必然会浮于表面，也难以起到什么实质性的作用。因此，实行制度管理的第一步就是要让项目成员理解制度和规则。那么，作为项目管理人员，怎样才能有效避免项目成员对制度的理解出现错误或歧义呢？

（1）在设计制度和规则时不能太过于宽泛

有时候过于宽泛的制度内容往往等于没有制度，比如“不能透露项目机密信息”这一规定，在具体落实的过程中很容易产生诸如“哪些信息算机密”“项目成员之间进行工作衔接时的机密信息交流是否属于这一范围”等疑问，如果规定能够相对细致些，则完全可以避免此类问题的产生。

（2）要统一对制度的理解和解释

一千个人眼中有一千个哈姆雷特，同样的规章制度，在不同的项目成员眼中，其意义和内容也存在理解角度上的差别，如果项目管理人员没有对制度的理解和解释进行统一，那么很可能会出现“公说公有理，婆说婆有理”的争执，从而影响项目团队的内部团结，甚至造成项目经理与项目成员之间的矛盾和纠纷等。

(3) 制度越具体、细致越不容易出现歧义

项目管理人员在制订规则和制度时，一定要遵循明确、具体、细致的基本原则，只有明确了什么样的行为是正确的，什么样的行为是错误的，才能最大限度地避免制度理解上的歧义。

【项目管理法】　项目成员对制度和规则的理解不到位，又怎能在项目执行的过程中正确执行呢？不知道怎么做、不知道做到什么程度才算正确，那么就等于没有规则，唯有详细具体的制度才能很好地避免这一问题。

4.明确岗位说明书

项目经理完成项目分工以后，必须明确每个人的岗位职责。否则，一旦项目出现了问题，项目成员就会互相推卸责任，管理起来会很麻烦。在项目管理的过程中，由于没有明确规定项目成员的具体工作和责任，一些项目成员就有理由给自己的工作失误寻找理由。可见，明确岗位职责对明确项目成员的责任十分重要。

（1）责任人

根据工作的需求设置岗位，明确岗位负责人的权责，确保职责的清晰。保证项目团队成员事事有人做、人人有事做。同时，能够在追究责任时，迅速找到相关负责人。

（2）工作内容

对工作内容的透彻了解，是衡量是否明确工作责任的指标之一。工作内容包括员工在日常工作中的主要工作事宜和相应岗位所应承担的主要责任。

（3）工作方法

明确工作方法，是明确责任的一个重要方面。拥有正确的方法会使工作产生事半功倍的效果。

（4）工作标准

制定明晰的工作标准，就是对任务成果的时间、数目、质量方面有所控制与限定，针对项目成员责任制定量化标准。

（5）考核细则

明晰相应的考核细则是责任清晰的重要指标。考核细则的制定，可以确保责任的清晰与到位，不仅是对项目成员日常工作责任的要求，更是项目经理对成员进行监督与考核的依据。

【项目管理法】 项目经理可以通过岗位说明书实现追溯管理。一旦项目工作的某个环节出现了差错，项目经理就可以通过岗位说明书，快速地找到责任人，这就让项目管理工作轻松、便捷了许多。

5.建立严格的岗位责任制度

在项目的管理过程中，如果项目成员不能各尽其职，各负其责，而是常常出现越俎代庖或玩忽职守的失误，那么整个项目的实施和执行势必会陷入混乱之中，更遑论项目管理的效率和结果了。为了避免这种情况的发生，项目管理人员必须要建立严格的岗位责任制度。

（1）划定职权范围

孟德斯鸠曾经说过："一切有权力的人都容易滥用权力，这是万古不变的一条经验。"在项目管理的过程中，要想避免"权力滥用"的现象，就必须要给"有权力的人"划定使用权力的界限，也就是为每一个项目成员划定明确清晰的职权范围。

（2）责任与人要一一对应

在给每一位项目成员分配工作任务和落实岗位责任的过程中，一定要坚持"落实到人，一一对应"的原则，不管是出现责任中空地带，还是出现责任重叠都会产生相互推诿等现象，从而影响整个项目的管理效率。

（3）岗位与责任一定要对等

俗话说"在其位，谋其政"，让一个普通项目成员承担整个项目成败的大任显然是不适合的。也就是说，什么样的岗位承担什么样的责任，项目管理人员在建立岗位责任制时，一定要做到岗位与责任对等。

【项目管理法】 科学合理的岗位责任制度是项目团队内部权力制衡和有效运行的重要保证，更是项目团队灵活应对各类突发情况的有力工具。因此，作为一名合格的项目管理人员，必须要懂得如何建立严格、科学、合理的岗位责任制度。

6.项目负责人必须以身作则

据相关调查资料显示：超过90%的破坏规则行为来自项目管理者，而普通项目成员则不足10%。那些最容易违规的人，往往不是数量众多的项目成员，而是那些设计和制定规则的人，即团队管理者。为什么会出现这种情况呢？

一方面因为项目管理者的职业化素质参差不齐，其中有相当一部分项目经理习惯在日常工作中搞“特殊”。在他们看来，不管是项目规章还是工作制度都是给项目成员制定的，自己是领导，所以完全不用受到各类规则和制度的约束，因此常常会无意识地带头犯规，甚至是不惜以“违反规定”来显示自己的“高人一等”。

另一方面，很多项目管理者并没有意识到自身违规的后果究竟有多严重。要知道，在项目管理的过程中，每一个项目成员都将项目经理的行为作为自己的行动准绳，如果项目经理都不遵守规定，那么，项目成员势必会有样学样，并对项目经理的行为进行效仿，久而久之整个项目团队就会逐渐变得风气不正、效率低下、错误百出……

千万不要以为“只准州官放火，不许百姓点灯”的特殊化管理做法无伤大雅，要知道规则和制度并不是为某一个人或某一个群体制定的，在规则和制度面前，人人平等，即便是项目管理者依然不能置身事外。

如果不想让规章制度“形同虚设”，身为项目管理者，必须带头遵守各种规章制度，必须身体力行、以身作则、从我做起，只有这样规则和制度才会奏效，项目管理者才能得到所有项目成员的尊重、忠诚和拥护。

【项目管理法】 如果连制定规章制度的项目经理都不愿意遵守这些条条框框，还有谁会理会这些规则呢？身为项目经理，唯有严格遵守各类规章制度，以身作则，才能让普通项目成员切切实实成为制度的忠诚践行者。

7.原则性问题不允许探讨

为了彰显项目管理的“人性化”，不少项目经理都喜欢采取“民主”式的管理方式。诚然，这种“柔性”化的管理方式更亲民，也更容易与普通项目成员打成一片，但没有原则的“人性化”管理则是万万不可取的。杰出的项目经理绝不会允许大家在原则性问题上讨价还价，他们懂得哪些应该是“刚性”的，哪些可以采取“柔性”手段，这种软硬结合的项目管理手段正是其脱颖而出的关键因素之一。

在项目管理的过程中，每一位项目管理人员都会遇上人情与制度的矛盾，与自己私交很好的项目成员犯了错，不罚会损伤制度的威严，罚则势必会影响两人之间的感情。遇到这种情况究竟该怎么办呢？

有时候鱼与熊掌不可兼得，只有公私分明，以身作则才不会落人话柄。对于犯错情节不严重的项目成员，惩罚要学会点到为止，如此一来，不仅能维护制度的“至上”地位，也不至于因过分苛责而令对方产生怨恨心理，可谓一举两得。

在适当的时候采取“柔性”化管理措施，这本无可厚非，但千万不能丢掉“从严管理”的意识。如果连“原则性问题”都会向现实情况、项目成员等做出妥协和让步，那么到最后很有可能会祸及自己。原则性问题千万不能妥协，妥协了第一次，就会有第二次、第三次，久而久之很有可能会变成一个被他人牵着鼻子走的傀儡，甚至彻底失去自己的项目管理权和领导权。

【项目管理法】 在现实生活中，有一部分项目经理太过缺乏主见，他们做事缺乏明确的原则和底线，甚至为了方便与他人讨价还价而主动选择妥协，这种做法是非常危险的。原则性问题是刚性的，决不能允许项目成员就此自由探讨。

8.别用感情代替原则

中国被称为礼仪之邦，时至今日依然十分讲究“人情”。项目经理每天都要与项目成员进行频繁的工作交流，日久生情是在所难免的，但千万别用感情替代原则。对于项目管理人员来说，规则才是摆在第一位的管理原则，人情次之。但在现实生活中，讲原则的领导往往更容易得罪人，这就要求项目经理在日常的管理工作中既要讲原则，又要讲究处事方法。

（1）不要投入太多感情

项目经理可以与项目成员建立感情，但千万不要投入过多感情，要懂得保持适当的疏离，这样不仅能避免讲原则时对项目成员造成的情感伤害，还有利于帮助我们树立威信，毕竟一个只讲感情不讲原则的项目经理很难令人信服并衷心追随。

（2）对事不对人

绝大部分项目成员都是明事理的，犯错后他们自己也会意识到这一点，身为项目经理，只要秉承对事不对人的管理原则，在处罚项目成员时能够做到态度友好、诚恳，那么不仅不会因此而得罪人，反而会让对方为我们的大公无私而折服。

（3）学会情理兼顾，法外开恩

不讲人情的铁血政策只会让项目管理者成为人人惧怕的“暴君”，虽然可以在项目团队中树立威严，但却很难让大家诚心“归顺”。一个聪明的项目管理人，要懂得情理兼顾，特殊情况下的法外开恩不仅不会损害制度的威严，反而可以帮你赢得忠诚与威信。

【项目管理法】　不管是只讲感情不讲原则，还是只讲原则不讲感情，都很难成为一名优秀的项目经理。作为项目管理人员，既要严格执行公司制度，又要适当地讲讲人情，但千万不能用感情代替原则。

9.改变随意性习惯，坚守制度化底线

尽管项目经理对于规章制度等常常三令五申，但很多项目成员依然我行我素，按照自己的想法随意而为。在现实社会中，这种情况随处可见，几乎已经成为所有公司的管理通病。为什么项目经理反复强调的制度化，到了项目成员那里就会“变味”？为什么项目成员总会保留着随意性习惯，很难坚守制度化的要求与规定？具体来说，其原因主要有以下几点：

（1）逆反心理

人人都有逆反心理，项目成员也不例外。“凭什么项目经理说什么，我就要听什么，就要怎么做呢?”这是很多人的真实心声，在他们看来，完全听从项目经理的吩咐是一件很没面子的事情，为了保全自己的面子，自然会做出适当的“反抗”。因此，对于可遵守可不遵守的规矩，他们往往会选择继续保留自己的随意性习惯。

（2）自身利益

从项目成员的角度来讲，制度化的管理意味着诸多的束缚、各方面的不自由，甚至是工作上的繁文缛节。为了自身工作的舒适度和利益等，每一个项目成员都会有意识或无意识地抵抗制度化，这也是项目成员难以改变随意性习惯的一个重要原因。

（3）行为惯性

如果项目成员早已经在长期的工作中形成了随意性的行为习惯，那么即便是项目经理下大力度整改，也是相当困难的。习惯的养成与改正是一个漫长的过程，这就要求项目经理必须有耐心，要懂得营造新的工作氛围，以帮助项目成员改变旧习惯，养成新习惯。

【项目管理法】　优秀的项目管理人员，应该事事表现出制度化、专业化和严谨化，对于项目成员的随意性习惯等绝不能采取忽略、漠视的态度，而是应当积极主动地帮助大家共同坚守制度化底线。

10.团队内部不搞特殊化

做好项目经理，最关键的就是在制度面前要做到“一碗水端平”，这一点说起来很容易，但真正做起来却并不简单。在项目团队中，任何一个项目成员都可能会成为“违规者”：连领导都敬重三分的“元老”，高薪特聘的技术“大佬”，投资方空降的“特派员”……对于项目经理来说，项目团队内部的关系网可谓错综复杂，尽管不少项目成员都有着令人忌惮的身份，但在制度面前人人平等，项目经理绝不能因为他们的身份、职位或背景等就搞特殊化，否则很容易造成团队内部的人心涣散。

（1）不患多寡患不均

绝大多数时候，团队的矛盾往往不是来源于外部，而是内部的“亲疏有别”。一旦项目经理开始搞特殊化，其错误的管理行为就会迅速成为项目成员争相效仿的负面榜样，从而形成拉帮结派的混乱格局。

（2）公平、公正才有威信

项目经理的威信并非来源于权力本身，也并非来源于仁慈或铁血的管理制度，而是来源于公平、公正。要想让项目成员心服口服，要想肃清团队纪律，打破内斗严重的混乱格局，就必须要坚持一视同仁，不管违反规章制度的是谁，都一律按照既定的原则进行处理。

（3）特殊化是假受益

也许有人会说，特殊化并非一无是处，它同样可以让项目成员受益，但我们必须清醒地认识到，搞特殊化只能让很少一部分人受益，并且这种受益是建立在绝大多数项目成员利益受损的基础之上，也就是说特殊化是假受益，因此必须摒弃这种劣根性的项目管理办法。

【项目管理法】 项目经理如果无法做到制度面前一视同仁，那么在管理项目的过程中，就很难赢得项目成员的信服和拥护。因此，在团队内部搞特殊化，是短视行为。

11.“做人”，还是“管人”

项目管理者很少获得项目成员对自己的真实评价，这使得他们常常犯认识上的错误。在现实生活中，不少项目经理都认为所谓的“项目管理”，其本质上就是指挥项目成员做适当的工作，但从项目成员的角度来讲，谁愿意“被指挥”“被指使”“被奴役”呢？因此，上下级之间的矛盾就不知不觉滋生出来，并影响着整个项目的实施进度。

（1）由来已久的官本位思想

学而优则仕，千百年来这种官本位思想一直扎根在中国人的思想深处，尽管企业不同于政府，但还是有相当一部分人，他们一旦拥有一点小权利，就会耀武扬威地指挥人，殊不知这种认识上的错误，不仅不能让管理者在项目成员面前树立威信，反而会丧失“民心”、引起“民愤”。

（2）学做教练型领导

对整个项目团队而言，项目经理并不是一个简单的工作分配者角色，而是扮演着集指挥、决策、命令、指导、培训等为一体的复合型角色。项目经理不仅要负责指挥项目成员的前进方向，还要传授他们具体的“工作技巧”以及专业技能等。也就是说，项目经理要学会做“教练”，要学会把项目成员培养成为项目团队所需要的人。

如果我们从一开始就把项目管理工作定义为“管人”，那么永远都不可能成为一名优秀的项目管理人员，唯有用“做人”代替“管人”，用“领导魅力”代替“生硬命令”，才能获得项目成员的热烈支持和拥戴。

【项目管理法】 端架子、摆官腔只会让我们与项目成员的心离得越来越远，要想成为一个优秀的项目经理，必须具备这样一种心态：既能与下属同甘共苦、打成一片，又能在项目团队中树立“说一不二”的威严。

12.拒绝项目成员的非分要求

对于项目管理者来说，并不是处处顺从项目成员之意就能获得大家的拥护和爱戴，相反，过多的顺从反而会给人留下“毫无原则”的印象。作为项目经理，既要充当项目成员的保护伞，在必要的时候对项目成员的工作和生活予以关心和帮助，又要学会拒绝项目成员的非分要求，以免被下属牵着鼻子走。

人人都有懈怠和侥幸心理，如果项目经理不懂得拒绝，项目成员一求助就毫不犹豫地伸出援助之手，那么久而久之就会使项目成员形成依赖心理，从而大大降低工作效率，甚至严重影响项目的执行效率。要知道，项目经理不是万能的，更不是项目成员的工作替补，只有合理拒绝项目成员的要求，把行动权和主动权交给他们自己，才能避免这种情况的发生。

适当满足项目成员的要求有利于与他们建立友好的关系，

但如果频率过高则往往会给大家留下“没原则、好欺负”的印象，如此一来，项目经理的威信又从何而来？一个没有威信的项目经理是根本无法统御下属的，对项目成员有求必应不仅不能息事宁人，反而会导致项目团队的管理混乱。因此，我们必须学会拒绝项目成员的非分要求，学会用说“不”来维护团队的制度和身为项目经理的权威。

【项目管理法】 拒绝项目成员的要求并不困难，只要严格按照项目团队的制度和规矩办事，用制度来约束每一个项目成员的私欲，那么既能对项目成员的非分要求说“不”，又能避免因此而得罪人，可谓一举两得。

项目有了，看你怎么去执行

第三章

领会项目意图：

不怕任务繁重，就怕盲目行动

完成一个项目，需要动用庞大的人力、物力和财力。任务繁重不可怕，就怕没有领会项目意图，便盲目行动。行动之前明确项目意图，找对方向感，才能避免浪费宝贵的时间、精力和有限的资源，确保项目管理的效率和效益。

1.“我究竟要做什么”

实施项目和打猎一样，首先必须明确目标在哪里，并清楚地认识到自己究竟需要做什么。如果连这两点都没弄清楚就开始行动，那么不仅不能完成既定的目标，还会白白浪费自己的力气，甚至误伤了自己的“同伴”，给整个项目团队带来灾难。具体来说，怎样才能弄清楚“我究竟要做什么”呢？

通常来说，项目目标不清，工作任务不明往往是由以下两方面原因造成的。

（1）领导没有交代清楚

如果项目经理在给项目成员交代任务时没有说清楚，那么项目成员自然不知道自己该干些什么。实事求是地说，领导交代不清或在布置项目时出现关键信息的遗漏等都会给项目成员造成“目标不清”“行动方向不明”等工作障碍。

（2）项目成员没有及时记录

俗话说“好记性不如烂笔头”，有些项目成员对自己的记忆力往往过于自信，即便是领导再三强调，工作重点需要手头记录，他们依然我行我素。这种缺乏及时记录的工作习惯很容易造成任务信息的遗漏或者记忆错误等。如此一来，在项目的执行过程中就很容易模糊自己的工作目标和任务，甚至对“我究竟该做什么”产生迷茫和无措。

【项目管理法】　项目经理在接手项目后，必须要在第一时间弄清楚这个项目的目标是什么，自己究竟充当着怎样的角色，应该做些什么，只有明确了这些问题，才能顺利地制订项目计划以及进行项目分工等。

2.列出工作任务清单

不论项目大小，在实施和执行过程中都会涉及方方面面的工作任务，这些工作任务之间或存在时间上的先后关系，或呈现出并列态势，或某一工作任务是另外一项工作任务的基础和前提。面对关系如此复杂和错乱的工作任务，身为项目经理，在开展项目工作前必须要列一份工作任务清单，这种做法不仅有利于理清工作头绪，还能找到最佳的工作统筹办法。

(1) 构思整个项目流程

接到项目后，不妨按照以往的经验以及常规的工作流程，设想一下这个项目应该怎样完成，并列出一个大致框架。一旦思路形成，就一定要拿笔清楚明确地记录下来，一方面可以有效避免遗忘，另一方面可以方便我们在原有的项目流程上进行不断的细化、修改，以便找到项目的最佳执行办法。

(2) 学会分解整个项目

作为项目经理，既要学会从整体角度看待项目，又要学会用微观的角度来分解项目。只有把整个项目分解成不同的工作任务，才能根据各个工作任务去组建项目团队，才能把这些碎片化的工作分别交给不同的项目成员来共同完成。一般来说，项目经理分解项目的能力越高，其后期的工作任务分配也就越容易、越轻松。

（3）列清单时的注意事项

为了提高工作效率，在罗列工作任务清单时，要学会对工作任务进行适当的归类，比如需要借助技术外援的工作可以汇总到一起进行安排。此外，还要定期对工作任务清单进行细化和修改，随着工作的逐渐展开，及时对各项工作的进度进行必要的补充和记录。

【项目管理法】 不管是大项目还是小项目，不管项目工作简单还是复杂，身为项目经理，都必须提前列一份工作任务清单，提前好好统筹一下需要执行的工作，只有这样才能对项目的各项工作任务进行科学、合理的分工。

3.确保项目文件无懈可击

撰写项目资料并不是一件令人愉快的事情，但对于整个项目来说却是一项必不可少的任务。项目文件就好比是整个项目的记忆，不管是在项目执行和实施过程中，还是在整个项目结束后，其所涉及的各类数据、规划、决策等信息都有重大的

"查询"价值，因此项目经理务必要确保项目文件的无懈可击。

具体来说，撰写项目文件需要注意以下问题和细节：

（1）明确文件的内容和形式

关于项目的信息很多，其中有些有记录价值，有些则可有可无，因此，我们首先要明确哪些信息需要记录和保存。其次，文件的保存方式很多，既可以备份到移动硬盘，也可以刻录成光盘，还可以按照传统的书面形式列入项目宗卷，要从中选出适合自身的文件保存形式和载体。

（2）明确保存地点和查阅权限

项目文件的记录和保存主要是为了让大家查阅方便，因此既需要一个明确具体的保存地点，还需要设置一定的查阅权限。为了避免项目文件的丢失和机密信息的泄露，还要对文件的外带以及复制等做出明确细致的规定。

（3）进行编目、归类等以便查找

如果项目文件过多，信息又过于杂乱无章，那么在进行有效信息查询时无疑会耗费大量的时间和人力。为了提高项目文件的查找效率，必须建立一个具有强制约束力的项目档案目录以及分类标准等。

【项目管理法】　在撰写项目文件时，一定要对信息进行筛选、核实、区分等，以免将小道消息、谣言、模糊性言论等非正式性文件收录到正规项目文件中，从而造成文件记录以及查询工作量的增加。

4.方向清晰，目标专注

项目要想顺风顺水地执行下去，就必须要有清晰、专注的实施战略，而不是毫无目的地乱冲乱撞。尽管有相当一部分项目经理是靠着自我摸索从“菜鸟”成长为“精英”的，但在如今这个竞争激烈的时代，我们根本就没有自我摸索、自我成长的时间和机会。要想快速成长为项目管理精英，就必须要有清晰的行动方向和专注的工作目标。

（1）项目领导讲究专注

作为项目经理必须要具备专注的职业精神，项目管理毕竟是“团队化”作战，如果三天朝东，两天朝西，那么整个项目团队势必会陷入方向混乱的“迷茫”状态，从而影响整个项目的进度和执行效率。战略是方向，只有明确了方向，本着专注的精神瞄准一个方向前进，才能形成资源聚合效应，并最终占据竞争优势。

（2）战略的及时传达

尽管战略是项目管理层面上的产物，但只有全体项目成员都清楚了该做什么、不该做什么才能朝着正确的方向快速前进。这就要求项目经理必须及时将战略传达给每一位项目成员。在传达项目目标和行动方向时，要本着“清晰”“具体”“有针对性”的原则，以便让每一位项目成员都能清楚地知道自己现在该做什么，以后该做什么。

【项目管理法】　项目要顺利实施，就必须要有清晰、专注的战略，不论是在哪个项目实施阶段，战略都不能变得模糊，否则一旦战略出现问题，项目的执行必然会陷入困境之中，甚至最终迷失前进的方向。

5.确定项目流程的工作标准

项目流程的工作标准就好比是标尺，没有了标尺，对项目的掌控就会出现偏差，从而影响项目执行的效率和速度。作为项目经理，要想准确掌控项目的进度、判定项目的质量优劣，就必须要事先确定项目流程的工作标准。我们可以通过量化和细化来定义工作关键性环节的标准，这也就是常说的“SOP”。

（1）标准化作业程序

所谓SOP，即标准化作业程序，项目经理可以通过统一的格式和标准操作步骤以及要求等来描述任何一个项目工作任务，这样一来SOP的要点就能更好地指导和规范项目成员的日常工作。即便是一个缺乏经验的“新人”，有了这些关键的控制点，也能在标准作业程序的帮助下快速、准确、高效率地完成工作。

（2）强化项目成员的执行意识

再好的项目工作流程，如果项目成员不去按照标准化要求执行，那么一切都会无济于事。这就要求项目经理必须要强化项目成员的执行意识，确保每一个项目成员都会按照既定的项目流程来进行工作。人人都有逆反心理，怎样说服项目成员主动按照项目流程来行动，这就需要项目经理的运筹帷幄和处世技巧。

【项目管理法】 项目流程好比是整个项目的骨架，如果一开始连框架都歪了，那么要想达到预定的目标就需要付出更大的代价和成本。因此，项目经理在确定项目流程时，一定要反复斟酌、多方验证，以确保项目流程的科学合理性。

6.界定项目作业流程

相信每一个项目经理对“返工”都深有感悟，它不仅会造成资源和时间的浪费，还会影响整个项目的执行进度。要想避免这种情况的发生，就必须提前界定项目作业的基本流程，只有这样才能最大限度地避免项目推进过程中因失误以及流程不合理等造成的“返工”。那么，作为项目经理，怎样才能清晰明确地界定项目作业流程呢?

(1) 按照作业流程设置监控点

项目经理的精力毕竟有限，不可能事必躬亲，也不可能随时监控每一位项目成员的工作状态。作为项目管理者，一方面需要对项目成员的工作进行监控，另一方面又无法做到时时监控、事事监控，在这种情况下，按照作业流程设置监控点就成为既有效又节省管理成本的最佳监控方案。

（2）作业流程一定要完善合理

如果项目作业流程从一开始就存在漏洞或不足之处，那么必然会带来时间消耗的无效作业流程。因此，身为项目经理在界定项目作业流程时，一定要去除作业流程中的劣势，建立起细致、严格、科学、完善、合理的项目作业流程系统，只有这样才能高质量地完成项目任务，减少不必要的资源浪费。

【项目管理法】　项目推进的过程是一个固定模式，只要界定了项目作业流程，项目经理就能更好地指导项目成员完成工作，不仅能按照计划展开项目进度，还能在此基础上提升整个项目的执行效率。

7.坚决去掉多余的流程

明明 10 分钟可以汇报完的工作，结果却洋洋洒洒说了不止一个小时，相信每一个项目经理对于这种情况都不陌生，无休无止的会议，大大小小领导的签字以及无可避免的“大企业病”……实际上，很多工作流程都是缺乏效率和意义的，只有去掉项目作业流程中多余、重复的部分，项目成员的效率才能得以提高。

（1）让复杂的工作变简单

项目规模越大，项目成员越多，项目作业的流程控制节点就会越多，殊不知过多的控制节点会增加工作内容的烦琐程度，甚至使得项目成员的大部分精力都纠缠于项目流程中，而忽略了项目工作任务本身。如果能让“复杂”的工作变“简单”，去掉那些不必要的流程，那么项目执行的效率自然能够得到大幅度提升。

(2) 学会适当放权

项目经理越是实行“集权”式管理，项目流程的控制节点就会越多，反过来为了维持这种权利的集中，又不得不增加很多不必要的工作流程和内容。要想把复杂的工作变简单，把繁多的工作流程变精简，项目经理就必须要学会适当放权。只有把权利下放给项目成员，才能从根本上减少汇报以及审批、签字等工作流程，从而提高项目整体的管理效率。

【项目管理法】 如果项目成员常常会无意识做出很多重复性工作，整个项目的推进和实施必然会陷入低效率的泥潭。为了提高项目成员的工作效率，必须坚决去掉那些多余的项目作业流程，只有这样才能把“复杂”变“简单”，把“疲惫”变“轻松”。

8.必要时重新设计作业流程

有些大型项目的工作流程光作业环节就数以百计，其中哪怕只有一个小环节排序不当，也会极大地影响整个项目团队的工作效率。因此，身为项目经理，要对作业流程进行重新设计或调整。

（1）要敢于推倒重来

有些项目经理在进行决策的时候往往过于优柔寡断，即便发现了整个流程的不合理之处，也缺乏全部推翻，重新设计作业流程的勇气。诚然，任何一个项目作业流程都是智慧的结晶，都耗费了很多的人力、物力以及资金等，但这并不能成为我们固执守旧的理由，毕竟只有丢掉了低效率的作业流程，才能有高效率作业流程的诞生。

（2）诊断流程中的问题

在重新设计作业流程之前，一定要对整个项目的工作流程进行全面、详细而又具体的诊断，只有通过诊断，才能发现流程中存在哪些问题，造成这些问题的根源又是什么，从而根据这些一线资料有针对性地改进项目作业流程或者重新设计流程等。

（3）流程诊断的 5why 分析法

所谓 5why 分析法，即"我知道什么"；"实际发生了什么，应该发生什么"；"关于流程异常我了解什么"；"查找原因时我需要做什么"；"流程异常的相关情况和倾向是什么"。只要清晰把握了这五个基本原则，就能够轻轻松松找到项目作业流程中的问题以及根源所在。

【项目管理法】　原有工作流程中存在不合理的地方，那么就必须不惜一切代价地进行流程调整或重新设计，否则不仅会影响项目成员的工作效率，还会阻碍整个项目的发展和实施。

9.学会有节奏感地做事

与杂乱无章地开展工作相比，遵循一定的工作节奏和韵律显然更容易提高效率。在执行项目的过程中，任何一个项目成员都会遇到各种各样的工作“障碍”：突如其来的电话、项目经理临时召集的会议、项目客户的突然来访……面对这些意外的打扰，我们不可能视而不见，更不可能置之不理，但只要参与其中，原本的工作节奏就会被打乱，制订好的工作计划就会被迫推迟，如此一来不仅会降低工作效率，还会陷入消极应对和疲劳不堪的工作状态。因此，学会有节奏感地做事是十分必要的。那么，具体来说，怎样有条理地做事呢？

（1）公示忙碌时间

如果总有事情打扰，那么我们原本的工作时间就会被分割成N个小块，从而大大降低工作效率。因此，要想保持自己的做事节奏，就要学会公示自己的忙碌期，找出自己一天中最忙碌、效率最高的时间，并向大家声明在此时间段严禁打扰，如有来访者则另约时间。

（2）集中安排干扰事项

与其他项目成员的商讨，与项目客户的洽谈以及协商等都是不可避免的，为了提高工作效率，我们可以将这些小而杂乱，容易对本职工作产生干扰的事项集中到某一个时间段进行统一处理。这既能保证各项沟通工作的顺利进行，还能尽可能地避免在高效率工作时段被打扰，可谓一举两得。

(3) 学会快速排除干扰

一般来说，人受到的干扰时间越长，对工作的影响也就越大。从个体差异的角度来看，任何一个项目成员的抗干扰能力都不相同，但抗干扰能力并非是天生或一成不变的，为了保证做事的节奏感，我们必须学会快速排除干扰。

【项目管理法】　项目经理要对整个项目的实施和执行进度负责，为了按期完成项目，必须要帮助项目成员保持和谐的工作节奏，尽可能避免他们被过多的外界信息干扰，只有这样项目成员才能在有限的时间里高效率地完成项目任务。

项目有了，看你怎么去执行

第四章

制定项目进度表：

没有计划的项目一定被计划掉

尽管项目计划并不等于项目的实际执行情况，但如果少了项目进度表，那么各项工作的实施和执行往往会陷入“无期限”的泥沼之中。显然，为了按时完成项目任务，必须提前制订相应的项目计划及进度表，做到有的放矢。

1.制订项目目标与计划

凡事预则立，不预则废，项目管理也是如此。这就要求项目经理在实施项目前，必须要提前制订好项目目标和计划。所谓项目计划，即列出项目实施所必须做的主要工作和任务清单，并在清单中对每一阶段的工作任务和目标进行清晰、具体的描述。那么，具体来说，制订项目目标和计划的步骤是怎样的呢？

（1）明确项目范围

项目范围也就是项目所需要做的全部工作，比如项目所涉及的类型，需要完成哪些工作，需要多少资金、设备、人力投入等。

（2）分解任务，估算时间

将整个项目分解成若干的工作任务，并具体安排到每一个项目成员身上，接着依据项目成员的工作时间评估，来大致估算整个项目所需要的时间。

（3）调整顺序，进行项目平衡

项目计划与现实情况总是会存在或多或少的差异，项目经理在制订项目目标和计划时，要懂得根据实际情况调整工作顺序，以保证项目实施过程的平稳。

（4）主计划与辅计划

项目计划不可能全部是主计划，也不能全部是辅计划，必须主辅计划相结合、相匹配，才能保证整个项目的顺利实施。

（5）项目计划的确认

并不是项目经理认同了项目计划就万事大吉了，除了项目重要领导人和干系人的确认外，还需要客户对项目目标和计划进行确认。

【项目管理法】 项目计划的制订是顺利完成项目的重要基础和前提，因此，项目经理千万不要忽视了这一工作环节，只有提前制订项目目标和计划，才能做到万事心中有数，做起决策来才能更加如鱼得水。

2.注重“项目目标”的计划性

所谓“谋定而动”，不管是做什么事都要懂得提前做计划，只有这样才能运筹帷幄，掌握整个项目的管理大局。实际上项目管理也是如此，尤其是项目经理在制订项目目标时必须要有计划性。

（1）项目计划的重要性

有些项目经理认为完全没有必要制订项目计划，如此一来还能省去整天忧心项目计划执行情况的精力，殊不知不做计划虽能省去一部分精力，却要直接面临突如其来的失败。由此也不难看出，项目计划在整个项目管理中的重要作用。

（2）项目计划必须要有目的性

从项目管理的层面上来讲，任何项目的目标都不是单一的，而是由不同阶段的各个目标组合而成，也就是说不同的项目实施阶段，其项目目标也存在差异。这就要求项目经理必须明确不同阶段的项目计划背后的真实目的。

(3) 项目计划三原则

项目目标必须要有计划性，在制订项目计划时，必须要遵循“系统性”“经济性”“动态性”三原则，实践中不管违背了哪个原则，都会严重脱离项目计划的实际，都很可能会造成项目目标的偏离或背道而驰。

【项目管理法】 尤其是对于大型项目来说，项目计划的制订十分关键。从本质上看，项目管理就是一个制订计划、执行计划、监控计划并最终完成计划的过程，因此项目经理在制订项目目标时也要有一定的计划性。

3.如何制订项目计划

在现实生活中，有不少项目经理在制订项目计划的时候，往往自以为是，想起一出是一出，殊不知制订项目计划并非无章可循、无矩可依。只要掌握了制订项目计划的原则和方法，自然可以节省不少心力，而且办事效率也会事半功倍。具体来说，制订项目计划必须要遵循以下五大原则。

(1) 目标的唯一性

不管是什么类型的项目，在制订项目计划时都必须要以一个目标为核心，如果目标不唯一，那么项目计划自然也会混乱不堪，甚至出现自相矛盾的情况。

(2) 结构的系统性

项目计划必须要有系统性，不仅本身要自成一个体系，还要由一系列子计划组成，这些子计划并不是孤立存在的，而是有着各种各样的联系，明确了这些联系，项目计划才能合理。

(3) 成本的经济性

对于企业来说，项目的最大价值是赢利，这也就意味着我们必须考虑成本和收益。因此项目经理在制订项目计划时必须要尽可能地压低支出，预留更大的利润空间。

(4) 执行的动态性

项目计划只是一个计划，在项目执行的过程中会遇到各种各样的情况。一个明智的项目经理要懂得根据实际情况调整项目计划，而不是刻板执行。

(5) 影响的相关性

所谓牵一发而动全身，项目计划只要稍有变动，构成项目计划的子计划以及与其相关的工作任务等就会发生相应变化，因此在项目计划变更时必须要明确这一点。

【项目管理法】 项目计划的制订不能仅凭一己之见，必须要遵从相应的原则和方法，这是经过无数实践总结出来的宝贵经验，项目经理们切不可因自视甚高而弃之不用。

4.项目计划的主要内容

项目计划说起来简单，但其包含的内容却十分丰富。如果项目经理在制订计划时不小心疏忽或遗漏了一些内容，那么在后期的项目实施和执行过程中，必然会因毫无准备而陷入慌乱无措、手忙脚乱之中。一般来说，项目计划主要包括以下几方面内容：

(1) 客户需求

客户需求是一切项目存在和实施的前提，因此项目计划中必须要将客户的需求以及相关要求、标准等阐述清楚。

(2) 项目团队组建

所有项目都是由人来完成的，项目经理要将诸如团队规模、大致人数、人才种类、团队结构等相关情况列入项目计划中。

(3) 项目所需资源

建立在实际情况上的项目计划才有意义，如果我们制订的项目计划与自身资源、实力不匹配，那么计划也就失去了它本身的价值。

(4) 进度情况考核

项目的实施和完成是一个漫长的过程，如果没有必要的考核以及进度掌控手段，那么项目经理将很难按时完成任务。

(5) 项目验收及完结

只有客户对项目进行了验收，并按照最初的约定支付了费用，这个项目才算终结。在制订项目计划时，也要将这一阶段可能出现的情况囊括其中。

【项目管理法】 尽管项目计划的内容主要包括以上五方面，但具体的细节却繁多而冗杂，这就要求项目经理在制订计划时，一定要尽可能地详尽，以免造成内容的丢失和遗忘等。

5.工作任务要分轻重缓急

无论是项目经理，还是普通项目成员，每个人所面临的项目工作都不是单一的，都是带有复合性质的。由于工作内容、类型等不同，我们在安排工作时也要根据事情的轻重缓急来进行任务排序。这种排序的工作方式不仅有利于提高工作效率，还能让原本繁乱的工作变得井井有条，从而进一步减轻工作压力。

(1) 要事优先

不少人都有这样的经历：每天都在忙着各种各样的工作琐事，可根本不知道自己在忙什么，每到关键时刻总是手忙脚乱地赶工作。实际上这并非是我们工作能力有问题，而是工作任务的排序有问题。如果事事都不论轻重缓急，那么即使不被工作弄乱，也会被压垮，要想摆脱这种工作状态，就必须要学会要事优先的原则。

(2) 莫把急事当要事

在实际工作中，不少项目成员往往都会把时间紧急之事当成“要事”，这是一个十分严重的认识误区。急事不等于要事，在判断何为要事时一定要从客观、理性的角度进行思考，找出真正的“要事”，并将主要精力放在要事上，从而避免因外部压力而造成的工作任务排序不合理。

【项目管理法】 德鲁克在《卓有成效的管理者》中曾经说过：“只有对要事报以足够的专注度，才会使人们从日常的琐事中解脱出来。”如果不想在杂乱无章的工作任务中变得消沉和疲惫，就必须要学会正确的工作任务排序法。

6.工作任务必须有时间限制

在互联网信息爆炸的今天，人们的拖延症被扩大到了从未有过的“膏肓”阶段。如果没有一个特定的时间限制，项目成员往往就会陷入“拖延”的泥沼中不能自拔。如果不想让整个项目执行计划一拖再拖，那么身为项目经理，就必须要给每一个项目成员的工作设定时间期限。

(1) 巧借“最后通牒效应”

人人都有拖延心理，为了帮助项目成员从无休无止的拖延中摆脱出来，项目经理有必要学会运用“最后通牒效应”。从心理学上来讲，越是临近最后期限，人所面临的内心压力就会越大，而这种压力恰巧能够激发我们的创造力和能动性，促使我们在规定的时间内更好、更高效地完成工作任务。因此，项目经理完全可以巧借“最后通牒效应”来提高项目团队的整体工作效率。

(2) 强化时间观念

时间是一种极其宝贵的不可再生资源，但很多人在日常的工作中往往不够珍惜时间。开会迟到、汇报工作拖拖拉拉、一边走神一边工作……这些浪费时间的行为会直接造成工作效率下降，因此必须想办法强化大家的时间观念，给项目成员设定时间限制的做法无疑是一个不错的管理措施。

【项目管理法】　客户对项目必定会有相应的时间要求，如果项目经理没能给各项工作任务设定好时间限制，那么这里拖拉一点，那里耽误一点，到最后根本无法在规定的时间内完成项目任务。给每一项工作任务都设定好时间期限，才是有效的项目管理方法。

7.给重要任务设计弹性时间

二八理论在项目管理领域同样适用，在整个项目中，项目管理人员通常只占20%，项目成员则占到80%。从个体角度来看，80%的时间应当放在20%的重要工作任务上，而不是放在80%的非重要项目任务上。

（1）不要浪费自己有限的精力

每个人的精力都是有限的，如果工作任务过重，时间过短，那么只能加班加点完成工作，如此一来很容易产生“油尽灯枯”的疲惫情况。我们不可能永远都借助超负荷工作来完成任务，所以千万不要浪费自己的精力，对于那些重要任务，要适当地多留时间，而不是在过短的时间里快速消耗自己的精力。

（2）根据任务主次安排时间

史蒂芬·柯维曾经说过：“成功的关键并不是为日程表上的事务安排先后顺序，而是用具有优先权的事情来安排日常表。”在安排各项工作任务的时间时，要学会根据任务的重要程度来安排时间，在重要任务上多留一些时间，在次要任务上则可以少留一些时间。这样一来，时间的利用效率就会大大提高。

【项目管理法】 有调查资料显示：平均每位管理者有300~400小时的任务量堆积在家和办公室里。如果不想让手头的工作堆积如山，那么就必须把有限的时间留给最重要的事情，这是提高时间利用率的一大秘诀。

8.配置好各项资源

所谓“磨刀不误砍柴工”，如果连“刀”都没有，那么又怎能完成“砍柴”任务呢？有些项目经理往往会陷入只关心结果，不关心过程的管理误区，结果在项目的实施和执行过程中常常因资源不到位而影响整个项目的工作进度。为了避免这种情况的发生，就必须要提前筹备项目任务所需的各种资源。

（1）巧妇难为无米之炊

即便是能力再出众的项目成员，也不可能在无资金、无支持、无物力的“三无”环境中做出惊人成绩。人们常说巧妇难为无米之炊，项目经理一定要意识到这一点，只有及时给项目成员调配他们所需的相关资源，他们才能毫无后顾之忧地快速完成工作。

（2）化被动为主动

有些项目经理在管理项目的过程中，往往从不提前调配资源，而是采取走一步说一步，兵来将挡、水来土掩的被动管理模式。如果等到急需资源的时候再去寻找相应资源，那么管理工作势必会陷入被动之中，项目的推进也会受到影响。因此，项目经理必须要有主动配置资源的意识，要提前制定自己的资源配置表，化被动为主动。

（3）养成资源规划习惯

项目经理不仅自己要养成提前进行资源规划的习惯，也要引导每一名项目成员养成这样的好习惯。如果人人都能在需要资源之前提前进行资源申请，那么在项目执行中获取资源的效率就会大大提高，完成项目的时间也会相应缩短。

【项目管理法】　如果在项目推进的过程中常常会遇到缺东少西的情况，那么整个项目的执行进度势必会受到负面影响。因此，项目经理必须要提前完成任务所需资源的配置。

9.对潜在的困难提早做好准备

项目的执行过程实质上是一个不断遇到问题并解决问题的过程，因此项目成员在执行工作任务的过程中必然会遇到各种各样的困难，如果每一个项目成员对即将到来的潜在困难和挫折都毫无准备，那么必然会手忙脚乱、不知所措，从而大大降低工作效率，影响整个项目的开展进度。因此，项目经理有必要引导项目成员提前做好应对困难的心理准备工作。

（1）明确工作的难点

不少项目经理在给项目成员安排工作时，只讲该做什么，却忽视了其工作任务的难点，实事求是地说这种管理办法很容易造成项目执行不利。由于职位以及眼界限制，普通项目成员往往难以认识到自己的工作任务中哪些是难点，因此也就缺乏必要的心理准备。如果项目经理能够对其进行指点，那么当困难来临时，项目成员自然能够沉着应对，积极解决，否则很容易陷入被动。

（2）明确工作的重要性

在项目执行和实施的过程中，重点和难点往往是相伴而生的，如果项目经理没有强调工作的重要性，那么项目成员自然不会将其放在心上，一旦遇到突如其来的困难和挫折，也就无法及时处理。因此，项目经理有必要给项目成员强调工作的重要性，此举能够让项目成员意识到自己的责任重大，从而愿意在困难面前更积极主动地寻求问题的解决办法。

【项目管理法】 在项目管理的过程中，千万不要忽视工作中潜在的困难和挫折，更不能把难点和重点隐藏起来，而是要坦诚地告诉每一位项目成员，工作的重点和难点在哪里，以方便他们为即将到来的困难提前做好心理准备。

10.项目计划变更怎么办

项目计划的变更是在所难免的，毕竟谁也不是神算子，可以未卜先知。当项目计划在具体执行过程中出现不合适的情况时，项目经理必须要根据实际情况对原来的项目计划进行变更和调整，那么遇到项目计划变更的情况时，究竟该怎么办呢？

（1）明确变更要求与原因

项目计划是引领整个项目走向成功的唯一道路，如果我们随意变更很可能会偏离前进的正确方向，因此项目计划变更必须要谨慎。在变更项目计划前，必须要明确变更项目的原因何在，该如何变更，变更项目计划是想达成什么目标等问题。

（2）全局性考虑问题

有些项目经理在进行项目计划变更时，眼光过于狭隘，总是盯着需要变更的部分，却忽视了整体。殊不知项目计划中任何一部分内容的变更都会影响全局，因此必须要从全局的角度看问题，明确变更部分是否会引发其他部分的变动，并对其进行相应处理。

(3) 重大项目计划变更的审核制度

如果涉及重大项目计划变更，那么项目经理绝不能一个人做主，而是要将变更的情况汇报给高层领导以及客户等，还要通过项目成员们的一致认可。只有多方审核认可，项目计划的变更才能生效并具体执行。

【项目管理法】 项目计划的变更是一种必然，也是考验项目经理随机应变能力的一个重要指标。这就要求项目经理在变更计划的过程中必须眼观六路，耳听八方，以最专业的态度来处理项目执行过程中的各种突发情况。

11.走出项目计划的误区

绝大部分项目经理都是从基层成长上来的，他们虽然已经成为项目管理者，但由于缺乏专业化的知识体系和理论知识的引领，因此依然保留着以前的工作习惯和方式，从而极容易陷入项目管理的种种误区之中。

(1) 缺少“传帮带”的意识

繁忙的领导绝不是一个好领导，一个优秀的项目经理绝不是整天扎在具体工作中，而是把这些工作交给项目成员，自己负责运筹帷幄。来自基层的项目经理大多缺少“传帮带”的意识，遇到难题往往习惯自己解决，而不是提高项目成员解决问题的能力。这种管理误区必须要避免，否则很容易越忙越乱。

（2）盲目使用各类管理方法

时下，市面上有各种各样的项目管理类书籍以及资料、理论等，很多项目经理为了提升自己的管理技能，都会有意识地丰富自己的管理知识，这无可厚非，但不分青红皂白地乱用管理方法却并不是明智之举。要知道，项目管理不是赶时髦，只有最合适的管理方法才是最好的。

（3）不重视管理流程

有相当一部分项目经理视管理流程为花架子，他们从不认为流程能够提升效率，因此原本科学合理的项目管理流程反而成了一纸空文。殊不知，不按照流程办事极容易产生各种原本可以避免的问题，还很容易让我们在同一个问题上多次跌倒。

【项目管理法】　“不知庐山真面目，只缘身在此山中”，由于自身眼界以及身份的局限等，项目经理很容易会陷入各种各样的管理误区，因此要学会跳出来看问题，只有这样才可能避免跌进项目计划的陷阱。

项目有了，看你怎么去执行

第五章

组建成功的项目团队：人多未必有利于项目完成

如果是一群乌合之众，即便人再多也成不了大气候。兵不在多，关键在于精。组建项目团队时，无论选人、人才结构设计，还是团队管理，都要高标准、严要求，从而打造出一支战无不胜的“铁军”。

1.组建高效的项目团队

即便是神功盖世的将军，一个人也打不了胜仗，项目经理要想顺利完成项目任务，就必须要先组建一支高效率的项目团队。尽管人海战术也能侥幸取胜，但并不是只要人多就有利于项目的完成。项目经理在组建项目团队时千万不能只重数量不重质量。

(1) 选对人就等于成功的一半

组建项目团队的第一步就是选人，如果所选项目成员个个都不能胜任自己的本职工作，那么整个团队必然会战斗力不足。选对人就等于成功的一半，项目经理在筛选项目成员时一定要按需而动，依岗定人。

(2) 定好规矩再训练

即便是一群精英，如果没有令行禁止的严格纪律，那么打起仗来也会溃不成军。因此，项目经理在组建好项目团队后，一定要先定好规章制度，只有这样才能让大家心往一处想，劲儿往一处使。

(3) 赏罚分明，挖掘潜力

管理制度的公平与否直接影响着每一个项目成员的工作积极性，项目经理只有为大家营造一个赏罚分明、公开公平的大环境，才能促使项目成员充分发挥自己的主观能动性和创造性，从而大大提高整个项目团队的工作效率。

【项目管理法】　组建高效的项目团队并不是选拔精英这么简单，除此以外还要想方设法调动大家的工作积极性，搞好团队协作，加强内部团结，只有三位一体才能使项目团队成为无往不利的“不败神话”。

2.明确项目团队的结构

不同的项目有不同的管理办法，有些项目团队实行层级式管理，有些则采取“井”字式双向管理，也有的采取横向“专题组”的方式来实现项目目标。作为一个项目经理，在组建项目团队前，首先要明确项目团队的结构，只有明确了这一点，才能有针对性地组建出一支执行力更强，效率更高的项目执行团队。

（1）团队结构的重要性

所谓团队结构，即项目成员的组成成分，不同的项目所需要的人才不同，所设置的部门也会存在很大差异。因此团队结构的合理与否就显得十分重要，它起着保持“队形”的作用，是项目团队协作工作的重要前提条件。

（2）确认组织关系

选定项目成员后，项目经理就要把大家召集起来进行工作分工，这时候就需要根据项目成员之间的关系制作一张组织关系结构图，即哪些工作需要如何沟通，项目成员之间的汇报、签字以及沟通渠道等。明确了组织关系，大家在工作的过程中才能井水不犯河水，凡事有条不紊地进行。

(3) 团队结构的动态性

在项目执行过程中，客户的需求以及客观环境等都可能发生变化，因此项目经理必须要关注团队结构的动态性。用变化和发展的眼光来看待团队结构，当有新成员加入或老成员离开时，要根据实际情况对项目结构进行调整，使其更好地服务于项目。

【项目管理法】 千万不要认为项目团队的机构可以七拼八凑，如果项目团队结构不合理，在项目的执行过程中就会出现各种各样的问题，从而影响整个组织的正常运转，这就要求项目经理在设计团队结构时必须要做到科学、合理。

3.搭建金字塔形人才结构

所谓一山不容二虎，即便是项目团队中人才济济，如果人才结构不合理，那么不仅不会提高项目执行的效率，反而会造成严重的“内讧”。作为项目经理，不仅要做一个合格的“伯乐”，清楚每一位项目成员的优缺点，还要善于调配任用，只有将彼此互补的人才放在一个团队里才能实现组织效能的最大化，才能避免“两虎相争”的局面发生。

(1) 金字塔形人才结构

不管什么类型的项目，其人才结构都呈“金字塔形”，换句话说，基层人才占绝大多数，越高端人才数量越少。因此，项目经理可以按照这种结构来进行项目成员的储备和安排，如果本末倒置，则必然会出现管理高层“无事可做”，整天钩心斗角，而底层执行人员又严重不足的情况。

（2）坚持互补性原则

既生瑜何生亮，一个项目团队中，“军师”的角色只能有一个，否则必然会造成内部争斗。要想尽可能减少项目团队中的内部矛盾，将人才的潜在能力发挥到极致，在搭建人才机构时就必须要坚持互补性原则。当然互补性原则是建立在了解每一位项目成员优缺点的基础之上的，只有对大家的能力、脾气、秉性等做到心中有数，才能在调配人才时做到游刃有余。

【项目管理法】　科学合理的人才结构是项目成功执行的关键，更是考验项目经理管理技能的重要问题。作为项目经理，必须要学会人才分类，只有明确了项目成员是敏捷型、灵巧型、注意型还是创造型、综合型，才能做到优势互补，才能搭建起更为合理的人才结构。

4.估算项目团队规模

项目的大小不同，组建的项目团队规模也会存在差异，但在现实生活中，有些项目经理往往忽视了项目团队规模的估算，结果往往会产生这样的抱怨：“为什么团队人员这么多，效率却这么低？一旦出现问题还会相互推脱责任？”实际上，这些问题都是由项目团队规模不当引起的。

（1）避免责任分散效应

千万不要以为多安排一些人，就能让工作完成得更好。俗话说，“一个和尚挑水吃，两个和尚抬水吃，三个和尚没水吃”，如果我们把同一项责任分散到几个人头上，那么必然会产生“没水吃”且相互推脱责任的问题。因此在确定项目团队的规模时，一定要尽量避免责任分散，以免“大锅饭”拉低整体工作效率。

（2）估算规模不等于控制人数

在实际工作当中，有不少项目经理往往把估算项目团队规模等同于控制团队人数，实际上这完全是一个认识误区。过于严格地控制人数往往会导致项目成员工作任务加重，甚至超出其本身能力，从而造成人力资源透支以及项目执行后劲不足等问题。因此，项目经理在估算项目团队规模时必须讲究实事求是，而非眼睛一味盯在人数的多少上面。

【项目管理法】 只有先对每一个项目成员的工作能力做一个准确评估，才能更为准确合理地估算项目团队的规模。确定团队规模，既要让项目成员的能力和价值得以充分发挥，也要量力而行，只有这样才能避免“过犹不及”而引发的管理悲剧。

5.挑选合适的成员

“精英情节”几乎是项目管理人员在挑选团队成员时的“通病”，绝大多数项目经理都希望自己的团队里都是顶尖人才。在他们看来，这些精英本身具备超强的工作能力，如果整个项目团队都是由精英组成，项目的实施和执行自然会变得简单、轻松，然而事实上却并非如此。过高、过严的人才选拔方式往往会造成人才紧缺以及大材小用等。那么，具体来说，项目经理究竟该如何挑选合适的项目成员呢?

(1) 不拘一格选人才

人才并没有一个统一的衡量标准，因此项目经理在挑选项目成员时也要懂得“不拘一格”。如果过于重视学历、资历、经验等条件，往往就会被这些条条框框蒙蔽了双眼，从而与那些偏才、怪才、奇才等擦肩而过。

(2) 杀猪不必用牛刀

有些项目经理在选用人才时，不管工作内容以及职位情况，一律都是高标准、高要求，即便是一个中专生都能胜任的会议记录员也要找一个研究生。古人常说：“杀猪焉用牛刀?”对于那些普通工作岗位来说，完全不必挑选高、精、尖人才，否则就是大材小用、人才浪费。

(3) 合适的才是最好的

世界上没有绝对的人才、废柴，即便是行业精英，放错了位置照样是一文不值，哪怕是再普通不过的人放对了位置，也能发挥出自己的光和热。这就要求项目经理在挑选项目成员的时候不要眼光过高，要懂得合适的才是最好的。

【项目管理法】 并不是每个项目都需要精英组合，一味地依赖“精英”推进项目是不现实的。只有明确每个人的优势和不足，根据具体工作任务来挑选合适的人才，才能避免人才浪费和人力资源严重不足。

6.重用尽职尽责的人

很多项目经理在挑选项目成员时，往往过于注重能力、资历以及经验等外在条件，却忽视了最重要的内部素质。即便是能力再强、经验再丰富，但如果缺乏责任心，凡事能“凑合”就“凑合”，那么最终也难以高质量地完成项目任务。项目经理在挑选项目成员时，要对其责任心进行适当的考察，尽量挑选那些尽职尽责的人。

(1) 特立独行的人不能一棒子打死

合作能力是项目管理者在选人时十分注重的一个因素，任何一个团队都不需要个人英雄，因此特立独行的人往往并不受人欢迎。但项目经理千万不能一棒子就把这些人打死，细心观察不难发现，不少性格和习惯特立独行的人往往具备较强的责任心，敢挑大担子，不会随意退缩、逃避等，这些内在素质也是项目团队所急需的。

（2）从工作态度看责任心

责任心往往最直观地反映在工作态度上，有些人表面看起来过于严肃、刻板，但在工作中却锱铢必较，十分尽职尽责，即便没有旁人的监督，也能高标准地要求自己。项目经理可以通过项目成员的工作态度来考察他们的责任心如何，是否能够把自己的本职工作做到位，如果出现问题，是否勇于承担责任，积极寻找解决办法。

【项目管理法】 选拔人才并非光有能力就行，其内在素质也不容忽略，如果遇事就推三阻四，那么即便是能力再高，也不可选用，唯有尽职尽责，其能力才有选拔的参考价值和意义。

7.根据各自的特点进行组合

项目经理要想组建一支高效的项目执行团队，就必须要精于人才组合之道。项目团队的整体效率不仅仅在于人才能力的高低，数量的多寡，其人才搭配是否合理也会影响整个团队的工作执行情况。如果明知两者脾气秉性不和，依然将其安排到同一部门，那么必然不会产生什么好结果。在组建项目团队时一定要根据项目成员各自的特点进行组合，只有这样才能实现1+1>2 的效果。

（1）不同类型的头脑相结合

如果一个团队都是由同一类型的人组合而成，那么在项目的执行过程中必然会缺乏多种思维与观点的碰撞，过于狭窄的工作思维和思路，很容易导致工作局面打不开的情况，还会造成团队内部同质化竞争。因此，项目经理在组建团队时，要尽量避免这种组合，而应尽可能地将不同类型的头脑结合到一起。如此一来，自然可以实现“头脑风暴”式的思维碰撞效应，工作思路也会得到最大限度的扩展和开发。

（2）绝不让任何一个人屈就

组建团队是为了把每个项目成员的长处都集中到一起，通过组合来规避人才的不足和缺陷。因此，如果明知该项目成员不擅长这项工作，就不要为了队伍的结构或其他因素而将其放在不合适的岗位上，只有充分保证每一个人都在做自己喜欢并擅长的工作，整个团队的工作效率才会实现最大化。

【项目管理法】 单打独斗的侠客时代早已经终结，在现代社会团队作战才是主流。项目经理要想让自身的项目团队所向披靡，就必须要让项目成员的能力互补，并使其通力协作，只有项目团队的人员搭配组合科学、合理，才能战无不胜，成为完美团队。

8.增进成员之间的了解

项目团队都是根据一定的项目任务临时组建起来的，项目成员所在的部门、企业、地区、国家等都不尽相同，换句话说项目成员之间极有可能是完全陌生的，甚至会存在文化意识或语言不通等情况。只有通力合作、充分沟通，才能更好地完成整个项目，如果项目成员之间缺乏基本的了解，那么团队内部的沟通和协作自然就会陷入低效状态。因此，作为项目经理，必要时要帮助项目成员增进彼此之间的了解。

（1）自我介绍不可少

有些项目经理为了尽可能地节约工作时间，往往会直接省掉项目成员之间的自我介绍，实际上这种做法是非常不可取的。所谓磨刀不误砍柴工，项目成员进入团队后，项目经理一定要抽出时间策划一些让大家互相熟悉的活动，并通过自我介绍等手段让项目成员之间尽快熟悉起来。

（2）业余活动小组

工作时间，每一个项目成员都在忙于自己手头的工作，根本没有相互了解以及沟通的时间，因此工作中的配合度自然不高。项目经理不妨在业余时间以及下午茶时间等组织一些兴趣活动小组或聊天、谈话等，既可以让项目成员在繁忙的工作中得以放松，还能在无形之中加深项目成员之间的了解，可谓一举两得。

【项目管理法】 项目成员缺乏基本的了解和沟通，不仅会影响整个团队的沟通以及协作效率，还很容易造成内部矛盾与摩擦。作为项目经理，不管是出于提高效率的目的，还是本着联络感情的目的，都应该帮助项目成员增进彼此的了解。

9.跳出印象怪圈择人

俗话说：“人不可貌相，海水不可斗量。”有时候越是那些并不看好的人，越是有着令人意想不到的大智慧或常人望尘莫及的高本领。但人们往往习惯根据“第一印象”去批判一个人，这种印象怪圈对于项目经理选择人才是十分不利的，它常常会在无形之中影响项目经理的择人行为。

（1）摘掉有色眼镜看人

项目经理对一个人的整体认识通常来自于长相、脾气秉性、为人处世的风格、办事能力、亲自接触的感受以及周围人的评价等，但这些认识并非都是客观、真实、有效的，它就像有色眼镜一样往往会导致我们产生偏见。项目经理在择人的时候，一定要摘掉有色眼镜，千万不可因某一事件或某一因素就板上钉钉地下结论。

（2）反思自己对人的印象

在现实生活中，第一印象的偏见和误导是不可避免的，也是普遍存在的。项目经理要想跳出这个印象怪圈择人，不妨反思自己对每一个备选人员的印象，并适当改变自己对他们的喜恶态度，只有这样才能发现他们在不同环境和情境下的不同表现，才能真正客观、多角度地考察他们的真实能力。

【项目管理法】 如果项目经理在挑选项目成员时总是带着偏见，那么势必难以挑出真正的人才。作为项目经理，绝不能根据个人好恶来择人，而是要摒弃偏见，抛开第一印象的误导，从客观的角度开展项目成员选拔工作。

10.敢用有一技之长的人

尽管绝大多数项目管理人员都喜欢任用“全才”“通才”，但在社会分工过细、各类专业知识过多的今天，一个人要想做到行行通、业业精是根本不可能的。不少项目经理习惯通过缺陷比较来选拔人才，他们认为缺陷越少，工作效率就越高，实际上这也是一种认识误区。从管理学角度来讲，只要有一技之长，那么就有用武之地，因此项目经理要敢于大胆启用那些只有一技之长的人。

（1）扬长避短用人才

扬长避短是最基本的用人法则，也就是说，不管是什么样的项目，项目经理在用人时都要本着发挥其长处，避免其缺陷和不足的原则，如果该项目成员不善言谈但细致认真，那么可安排其管理档案，反之外向善交际的人则可将其放在项目咨询以及业务洽谈等岗位上。在特定的岗位上，项目成员的缺陷完全可以忽略，因此只要在某一方面具备突出的优势和特长，就值得我们选用和委以重任。

(2) 庸才也能变人才

正如通用电气公司原总裁杰克·韦尔奇所说："管理很简单，就是将正确的人放在正确的地方。"世界上没有绝对的庸才，我们常说的庸才不过是放错了位置的人才，只要项目经理善于扬长避短，那么即便是其他公司解雇的"垃圾员工"也能变身成为业务骨干。

【项目管理法】 缺陷多并不能成为我们选拔人才的准则，只要有一技之长就有启用的意义和价值。对于项目经理来说，如何扬长避短，挖掘出他们的特长才是用人的关键。

11.拔掉团队中的"软钉子"

"一颗老鼠屎往往会坏掉一锅粥"，不少项目团队中都会存在这样一类人：他们从不与项目经理针锋相对，表面上对各项工作都很配合，但背地里却常常散布消极言论，使得整个项目团队人心惶惶，"军心不齐"。这种"钉子"虽软，但其危害性却不低，项目经理千万不能被"软钉子"所营造出来的虚假表面现象所迷惑，而是要坚定不移地拔掉团队中的"软钉子"。那么具体来说，如何识别这些"软钉子"，他们都有哪些共性呢？

（1）缺乏自觉性

人非圣贤孰能无过，作为项目经理要允许项目成员犯错，但有些人屡教不改，根本不认为犯错是什么大不了的事，他们没有改错的自觉性，没有工作的自觉性，常常是“当一天和尚撞一天钟”，无论怎么鼓励、批评都丝毫没有效果，对于这些项目成员一定要清除出队伍，否则会导致整个团队的士气低下。

（2）内部蛀虫

千里之堤溃于蚁穴，项目经理千万不要小看“软钉子”，他们往往充当着内部蛀虫的角色，只要有损公肥私的机会，他们绝不会错过。对这些人来说，团队就是谋取利益的地方，对这些项目成员的容忍，无异于养虎为患，迟早会被其反噬。

【项目管理法】　“软钉子”是善于隐藏自己的蠹虫。要想让整个项目得以顺利执行，项目经理就必须保持清醒的头脑，睁大眼睛将他们一条条地挑出来，并及时清除出项目团队。

12.让项目团队合作深入人心

一个优秀的项目团队绝不是一群随便凑合在一起的乌合之众，缺乏合作意识的队伍，即便个个都是精英，也难以支撑起整个项目队伍的繁荣。换句话说，只有通力合作，朝着一个目标共同努力，其项目团队才有光明前途。作为项目经理，一定要让项目团队合作的意识深入到每一个项目成员的骨血之中。

（1）集体主义意识

项目经理在管理整个团队的过程中，要有意识地给每一位项目成员都灌输一种集体主义意识，要求大家先集体，后个人。只有把集体利益放在个人利益之上，项目成员才会甘愿为集体牺牲自我，奉献自我。

（2）统一目标，营造家庭式感情

没有统一的目标就没有合作的核心，只有明确了目标，组织内部才会形成紧密合作的团队关系。此外，营造一种家庭式的和谐感情也有助于项目合作意识深入人心，这种感情能够使得项目管理阶层与项目成员产生一种命运相连、同舟共济的精神，可以大大增强项目成员之间的合作意识。

【项目管理法】 深得人心的项目经理，不仅能够让大家的前进方向保持一致，还能够融入到普通项目成员中，并使其在不知不觉中深化团队合作意识，自主自愿献身于集体。

第六章

项目经理的执行思维：

8 小时工作 24 小时思考

项目经理是团队的领头羊，除了制订计划、分配任务，还要考虑外部环境变化、激发内部成员积极性等问题。换句话说，除了完成 8 小时的工作，项目经理要进行 24 小时的全天候思考，绝不容许有一丝一毫的懈怠。

1.用对的方法想问题，一切变简单

在大多数情况下，一个项目能否取得成功，并不在于项目本身，而在于是否选对了方法。《论语》中讲："射不主皮，为力不同科，古之道也。"说的就是由于力量不同，所造成的结果也不同的道理。对于项目经理来说，管理项目同样要根据具体情况进行具体分析，不可一概而论。

百事可乐之所以能够在全球饮料市场上获得成功，占据一席之地，关键就在于找对了销售的方法。为了吸引更多的消费者，百事可乐公司每年都会找到新的品牌代言人，例如迈克尔·杰克逊、刘德华、郭富城等。这种宣传方法，不仅帮助公司很快打开了市场，还大大提高了营业额，使之成为全球饮料市场上一位不可忽视的竞争对手。

洛克菲勒曾经说过：当思路发生改变的时候，原来那些看似很难的问题，就会变得很容易解决。这就告诉我们，在项目的执行上，首先要做的，就是找对解决方法。一旦方向找错了，不仅不能够解决问题，还会引起更多的麻烦。只有找对了方向，才能够做到事半功倍，将一切任务变得更加简单。要做到这一点，就需要在前期的准备和筹划中下足功夫，找到症结所在，否则只会不断绕弯路，既浪费了精力，又耽误了工作。

【项目管理法】 世上没有绝对的"万金油"，只有找到项目本身的特殊性，多加分析，才能让问题得到很好的解决。项目经理在执行项目的时候，一定要树立起方法意识，切忌盲目蛮干，影响工作进展。

2.对大家说“跟我来”，而非“给我上”

对于项目经理来说，要想带好一个队伍，首先就要给大家做出榜样来。只有那些能在关键时刻站出来，遇到困难，能够第一个冲上去解决问题的项目经理，才能够赢得项目成员的尊重与敬佩。

一般来说，项目经理要想从“给我上”变成“跟我来”，可以从以下几个方面入手：

（1）自觉遵守公司规章制度

项目经理只有以身作则，才能够顺利地给项目成员分配工作。只说不做的工作态度，只会招来大家的反感。

（2）对工作充满激情，敢于突破困境

面对阻力，勇往直前的项目经理，往往会给整个团队带来信心与勇气，使项目得到更好的执行。

（3）提高个人魅力，不利用权力来压制别人

一味地管教束缚，只会让项目成员处处受压制，工作积极性难以完全发挥出来，不仅会影响项目的执行，还会削弱自己的权威。

很多项目经理之所以会失去人心支持，其原因就是过分依

赖手中的权力，以为团队管理就是权力压制。这类人最常说的一句话就是“我怎么说，你就怎么做”，却忘了自身的行动才是最重要的领导力。如果不改掉这一点，就很难成为一名合格的项目经理。

【项目管理法】 实际上，项目经理每一次实际行动，都会给项目成员造成潜在的影响。只说不做的工作方法，只会让自己的领导力变得越来越弱，难以发挥其真正的效用。只有将口号变成行动，才能成为项目成员真正的领导者。

3.你的热情可以感染每个人

任何一个对工作充满热情的项目经理，都能像太阳一样，用自己的热情去感染别人，带动项目成员的工作积极性。无论是一帆风顺，还是遭遇频频打击，饱满的工作热情总能够将工作气氛瞬间变得轻松自在起来。

在项目的执行过程中，只有项目经理一个人是肯定不行的，必须依靠全体成员的通力协作，才能够将工作做到最好。如果项目经理自己的工作积极性就不高，工作起来马马虎虎，随便敷衍，那么团队中其他项目成员的工作状态也会受到负面影响，最终给整个项目带来更大的执行困难。

艾默生曾经这样说过：“自古至今，没有哪一件伟大的工作，是在没有工作热情的情况下完成的。”这句话并不夸张，实际上，对工作没有热情的人，很难保证工作完成的时间和质量。而项目经理，作为一个项目的带头人，更需要在成员中起到一个带头作用，只有这样，这个团队的工作积极性才能够被激发出来。

【项目管理法】　在责怪项目成员工作不勤奋之前，请项目经理想一想，自己对待工作是否充满了热情。如果没有，那就要马上改变自己的工作状态，并通过改变自己来带动整个团队。否则，项目就很难继续执行下去，整个团队也会逐渐被瓦解分散，难以取得更大的成就。

4.认识大家眼中的错，而非你脑海中的错

曾有人说过："不犯错本身就是一种错误。"对于项目经理来说，在项目的执行过程中，难免会造成一些小的失误。当错误发生后，不同的对待方式会带来不同的结果。

很多项目经理身上都有这样的不足：犯了错误不愿意承认，或者把自己的过失推到项目成员的身上。这种做法，在项目经理看来，可能是维护了自己的面子，但是对于项目成员来说，这却是一种不负责任、没有担当的表现。久而久之，项目经理就会失去大家的信任，团队也会逐渐涣散。反之，当工作中出现了错误时，项目经理如果能够及时认识到，并勇于承认错误，这不仅能够及时地把问题解决掉，还能赢得项目成员的尊重，

为自己树立起“以德服人”的良好形象。这对于今后的工作也是很有帮助的。

莫尔特克，是从普鲁士士兵一步步发展为元帅的军事家。他曾经说过：“只有善于从失败中总结经验教训的人，才能够超越失败。”任何一个项目的执行，都需要所有项目成员的相互配合，如果这个时候，项目经理一意孤行，不能够全面听取成员的意见，就很容易破坏团队的凝聚力，给项目执行带来更大的问题。

【项目管理法】 作为项目经理，一定要有聪明的头脑，广阔的胸襟。只有敢于认错，与项目成员坦诚相待，才能够带领自己的团队创造出更好的成绩。

5.最大化体现高效的项目执行价值

当项目经理接到一个新的项目时，首先要做的，不是马上开始工作，而是要对这一项目进行全面的布局和规划。俗话说：“工欲善其事必先利其器。”只有当准备工作就绪之后，才能够有条不紊地完成接下来的任务。

如何最大限度地激发项目成员的工作热情，是每一位项目经理都要考虑的问题。只有将整个团队的工作积极性带动起来，项目才能够又快又好地完成。而从情感入手，也是最重要的一种激励方法。

首先，要将工作进行合理分派。争取做到每一位成员所做的工作，都是在自己的兴趣范围之内的。但是，不可避免地，也会有一些确实无聊的工作，这时候，就需要项目经理去激励项目成员，帮助他们树立正确的工作心态。

其次，保证消息能够及时传达下去，保证项目团队中的所有成员能够进行及时有效的沟通。只有这样，团队合作的最大效力才能真正发挥出来。

最后，要为项目成员提供学习成长的机会。只有团队中的每一个成员都有所进步，整个团队的执行力才能上一个新台阶。同时，项目成员还会对项目经理心存感激，用更好的工作状态来报答知遇之恩。

【项目管理法】　重视每一位项目成员的价值，挖掘所有人的潜力，既是项目经理的责任，也是提高团队执行力的必需。只有这样，项目的执行价值才能够实现最大化。

6.多设计一些集体性的任务

对于项目经理来说，要想让项目得到良好的进展，重要的不在于团队的数量多少，而在于项目成员能否齐心协力，配合团队工作。如果项目成员像一盘散沙，都为各自的利益打着小算盘，那么，这个项目就很难在短时间内高质量地完成。而此时，项目经理的任务就是，如何让大家团结到一起，心往一处想，劲往一处使。

多设计一些集体性任务，往往可以起到良好的效果。某网络公司的技术部门新聘请了很多专业的技术人才，可是过了一段时间，工作却没有什么大的改观。面对这个问题，项目经理想出了一个办法，那就是改变过去工作落实到人的方式，接到新的项目时，项目经理要求所有人都参与进来，一同来完成这个任务。久而久之，团队的凝聚力和执行力都有了显著的提高，工作也有了良好的改观。

很多时候，一个项目并不是靠一两个人就可以完成的，而是需要所有项目成员的共同努力才行。如果一直让一两个人“挑大梁”单干，那么这个团队迟早会解散。只有当所有的成员明白协作与配合的重要性时，这支队伍才能够奋勇向前，无往不胜。而这就是项目经理所要完成的任务。

【项目管理法】 一棵树木不能称之为森林，一朵鲜花也难以创造整个春天。只有将众多的项目成员团结在一起，团队才能发挥出最大的力量，工作也才能完成得又好又快。

7.重视项目成员的想法

有些项目经理在分配工作的时候，仅仅是按照自己个人的想法进行，完全不考虑项目成员的感受。以为自己比别人职位高一点，就可以总揽大权，什么事都自己说了算。这种做法，虽然看起来没有什么大问题，可是在实际的项目执行中，却往往会给工作带来一定的阻力。

沈浩最近刚刚担任了一家公司的项目经理，然而，没过多久，就在工作上遇到了困难。原来，在最近的一次工作安排中，他将最低级的工作交给了一名非常有资历的老员工。沈浩认为，这样做可以帮助自己树立威信，今后就可以更好地号令自己的队伍。然而，事实却并非如此，那位老员工对于这次的工作安排非常不满，不仅没有认真完成任务，还跑到总经理那里去诉苦，这让沈浩非常尴尬，也很难再继续开展工作。

其实，如果可以在分配工作前，认真考虑各位成员的能力、感受和态度，然后再将任务分配下去，就可以避免这种令人尴尬的情况发生了。为了实现这一目标，项目经理就需要提前给成员发表意见的机会，这样做，不仅能让成员感受到项目经理对他们的尊重和理解，还能够提高成员完成工作的责任心与积极性，促进工作更好地完成。

【项目管理法】　重视项目成员的想法，不仅是尊重别人的表现，更是让项目高质量完成的重要条件。

8.领导风格影响执行效率

要想成为一名出色的项目经理，就一定要找准自己的领导风格。同一个项目，在不同领导的带领下，往往会产生不同的结果。一般来说，领导风格有以下几种：

（1）专制家长式领导风格

这种领导风格的特点是，项目成员只需要接受上级分配的任务，不需要也不允许提出不同的意见或建议。这种领导风格，往往会影响工作的顺利展开，久而久之，项目成员的积极性也会备受打击。

（2）平等合作式领导风格

这种领导风格的特点是，项目经理和项目成员在工作上是平等的，谁都可以提出意见，所有人都要参与到工作当中来。这种领导风格，通常会让工作高质量地完成，同时，团队的凝聚力和向心力也会逐步增强。

（3）自由散漫式领导风格

简单地说，这种领导风格就是没有领导，每个人都可以按照自己的想法去工作。这样做，往往会有两种结果，一种是大家配合默契，工作能够顺利完成，另一种则是因为自由散漫的工作作风，再加上缺乏核心领导，导致工作不断拖延，从而引发更多的问题。

【项目管理法】 不论是哪种领导风格，都需要项目经理认真分析，然后取其精华，去其糟粕，将其熟练地运用到工作当中。而在实践中，一位项目经理往往会采取多种领导风格的优势，将之进行混合杂糅，以便取得更好的工作效果。

9.项目经理应不耻下问

在项目的执行过程中，项目经理要站在领导者的位置，带领项目成员共同完成这一项工作。但是，如果过分地强调个人手中的权力，就会失去成员的支持与信任，久而久之，团队就会被分散瓦解掉。而那些聪明的项目经理，则会选择不耻下问这一方式来带动成员的工作积极性，保证工作更好地完成。

其实，向项目成员进行咨询，认真倾听他们的意见，不仅不会削弱自己的权威，反而会赢得大家的尊重。在项目成员看来，这种做法显示了项目经理对自己的认可与重视，如果自己的工作出现失误，就难以报答项目经理的知遇之恩。无论是从项目经理的角度来说，还是从项目成员的角度来看，这都是一件利远大于弊的事情。

权威的塑造，并不是通过独断专制来完成的。要想真正获得项目成员的忠心，保证项目得以顺利执行，就必须重视每一位成员的想法，将团队紧紧集合在一起，否则，只会让自己被孤立起来，在项目执行中遇到更大的问题。

【项目管理法】　要想成为一名优秀的项目经理，首先就要学会多谋善断。当然，这并不是指凭借手中的权力，草率地做出判断。要知道，兼听则明，偏听则暗。唯有广泛地征求项目成员的意见，一个项目才能够顺利执行。

10.情绪差的时候不做决策

人类是一种感性的动物，不可能永远都保持一种良好的情绪。然而，对于项目经理来说，要想在工作中如鱼得水，管理上深得人心，就要学会把握自己的情绪，不在愤怒的时候轻易做决定。要知道，有些决定是无关痛痒的，但有些决定却会造成无法弥补的严重后果。

“主不可以怒而兴师，将不可以愠而致战。”《孙子兵法》中的这句话，讲的就是作为主帅，要在心态稳定的时候做决定，千万不可意气用事。万科公司的董事长王石也曾经说过，万科之所以能够发展到今天，最重要的原因就是有稳定的心态，一步一个脚印踏踏实实地前进。可见，做决定之前，先调整好自己的情绪是至关重要的。

根据心理学家推算，当人处于愤怒的情绪中时，智商会大大降低。在这个时候做出的决定，犯错的概率会猛增。在公司的项目执行中，每一步都要有可靠的保障，切忌疏忽大意。作为项目的主管，项目经理更要时刻保持清醒，才能够准确地把握全局，创造出更高的工作价值。

【项目管理法】 每个人都会有情绪不好的时候，关键是如何控制自己的情绪。特别是中层管理者，要记住：不在愤怒时做决定，不在担忧时做决定，不在感性冲动时做决定。学会这些，才可能成为一个理性客观的优秀项目经理人。

11.项目经理要有极大的包容心

对于项目经理来说，要想获得更大的发展，不仅要对工作严格要求，还要有一颗容人之心。任何一个团队，都会有各种不同的项目成员。只有对每个成员的优缺点有了清醒的认识之后，才能够取长补短，创造出最佳的工作价值。否则，一味地偏信，只会影响自己工作的进展。

一般来说，要想成为一个有包容心的项目经理，可以从以下两点入手：

首先，要理解项目成员。每个人都有不足，都会犯错误。当项目成员在工作中出现失误的时候，如果一味地责备批评，不仅于事无补，还容易引起成员的不满和反感。时间久了，团队成员的工作积极性就会备受打击，项目进程也会被耽误。反之，当项目成员出现失误时，项目经理如果能够包容他们，给他们安慰和鼓励，就会大大激发他们的工作热情，同时还帮助自己树立了权威。

其次，有些下属的自我表现欲望过强，也许会显得对项目经理不够尊重。这时候，项目经理要明白，只有为成员提供足够的发展空间，才能够真正提高自己团队的工作能力。如果一味地压制，一人独大，这个团队的实力就会逐渐下降，最后变成一盘散沙。

【项目管理法】 竞争与合作，是工作中永远存在的两个主题。只懂竞争不知合作，只会给自己树敌过多，影响自己更大的发展。要想成为一名优秀的项目经理，就要培养开阔的胸襟，以包容之心来对待项目成员。

12.如何面对死板的项目成员

在任何一家公司的项目团队中，往往都会存在这样一类成员：他们工作认真负责，能够按时完成上级交给的任务，几乎从不会发生原则性错误。但是，这类成员缺乏创新思想和长远的规划，在个人潜力的挖掘上难有大的提高。这就是我们常说的死板型项目成员。如何面对这类成员，也是项目经理需要考虑的问题之一。

要想真正让这类成员为自己所用，首先就要了解他们的真实想法。面对工作，也许他们还不够热情，可是当你谈到他们真正关心的话题时，单调枯燥的局面就会很快被打破。而在工作中，由于死板型员工难以有大的发展规划，同时也缺乏足够的责任感和使命感，所以一般来说，不要对他们委以重任。而那些相对简单明了的工作任务，则更适合交给他们去完成。

作为项目经理，要对自己的项目成员充满信心，如果只是单纯地求全责备，只会让自己的工作处境变得越来越难。只有善于发现项目成员的优点，才能够让他们发挥最大作用，从而促进工作更好地完成。

【项目管理法】 项目经理的任务，不单单是分配工作，更重要的是激发所有项目成员的工作热情和积极性，带动整个团队得到更好的发展。死板型成员并不是一无是处，关键就在于你怎么用。

13.下属争胜逞强怎么办

聪明的项目经理人，往往懂得利用项目成员的性格特点来进行更有效的管理。在项目团队中，总有那么一类成员喜欢争强好胜，不论是在工作安排上，还是在工作的其他方面，总要和别人比出个高低来。出了差错，就竭力避开，得了奖赏，就四处炫耀。所以，这类成员往往并不受人欢迎。可是，项目经理却不能因此就将这类成员孤立起来，反而应该正确认识到他们的长处，加以培养，帮助自己更好地完成工作。

一般来说，逞强好胜的项目成员往往会有一种咄咄逼人的态度，项目经理切忌硬碰硬，而是要学会婉转迂回地对他们加以引导，帮助他们树立正确的竞争观念，同时也要尽自己所能，为他们提供一定的发展空间，这样，才能够赢得这类成员的信任与支持，化敌为友，为己所用。

如果遇到既无真本事，又爱吹毛求疵的项目成员，作为项目经理，一方面要对他们进行严肃的批评，帮助其树立起正确的工作态度，另一方面，也要在工作上给予指导，同时安排一些低强度、负荷高的工作给他们，以消除他们的傲气。

【项目管理法】 马基雅维里曾经说过，“君主要像狐狸一样，能够认清陷阱；同时又要像狮子一样，以便让豺狼感到恐惧。”项目经理同样需要具备不同的用人方法，根据项目成员的个人差异，来合理地安排工作任务，保证项目顺利执行。

第七章

善于分解项目：

分工看似“小事情”，却有“大门道”

把一个不可能完成的大项目分解成若干能轻松完成的小任务，体现的是项目经理出色的全局把控能力，以及对项目成员的调配技术。掌握这种本领，不仅可以为项目执行节约更多时间，还能保证高水平地完成项目。分配工作，看似简单，其实有很多“门道”可循。

1.目标分解与任务细化

当团队接到一个新的项目时，对于项目经理来说，首先要思考的，就是如何把这个大项目分解成一个个小问题，然后将工作进行合理的分配，以使得团队的执行力达到最大化。如果只是摸不着头脑地蛮干，只会耗尽人力物力，还得不到预期的效果。

就好像人们盖楼房一样，动工之前心里必须有个总体规划：楼房要盖几层，面积多少，几间卧室，客厅要多大合适，等等。当这些工作目标确定之后，接下来就要展开任务了。在任务展开之前，要把所有任务再细化，要在工作内容和工作量上都有具体的划分，这样，项目成员才能够清楚自己的任务是什么。有了目标，才能够更好地执行。

华为，作为中国通信领域的佼佼者，在项目执行上一直对自己有着较高的要求。然而，有一些没有经验的项目经理，在接到上级安排的项目之后，马上和团队的成员开始忙碌起来，东一榔头西一棒槌，尽管费了不少心血，项目完成的质量还是不高。后来，一位有经验的项目经理告诉他们，要在项目执行前将所有工作进行具体划分，落实到人，这样才能够高效保质保量地完成工作。

【项目管理法】 工作目标和任务完成是不可分割的两部

分，只有将目标细化之后，工作才能够顺利展开。在这个过程中，项目经理要做的，就是了解项目的具体情况以及项目成员的个人特点，这样才能把合适的任务交到合适的成员手中，保证项目的顺利执行。

2.把项目工作分包

要完成一个项目，仅靠项目经理一个人是绝对不可能的。只有将团队中的所有项目成员调动起来，大家齐心协力，才能够圆满地完成任务。而对项目进行工作分包，就是必不可少的一项内容。

一般来说，工作分包是指三天以上的工作量，交由一名成员独立完成，也可以由几个成员共同来完成。在后一种情况中，项目经理必须指定一名负责人，来对这个工作分包负责。同时需要注意的是，在每一个工作分包中，都必须对完成时间、任务量和具体的工作内容有明确的规定，这样，项目成员才能有所依据，有计划地开展工作。还有一个不可忽略的细节，那就是在将工作分包交给项目成员时，同时要交给成员一份书面的工作分包委托书。这样，既能够让成员感到一种被信任的尊重，还能够将责任划分清楚，一旦工作出现失误，也可以立即查清原因，及时进行挽救。

事实上，基本的项目工作分包，应该包括以下几方面内容：

①一共有哪些工作分包。

② 每个工作分包的主管和负责人是谁，成员有哪些。

③ 工作分包所要达到的最终结果是什么。

④ 是否需要其他辅助条件，具体的准备工作是否完成。

【项目管理法】 工作分包和简单的任务分配有所不同。在工作分包中，成员的责任被划分得更加清晰，工作的内容也更加明确。要想实现工作分包的最优化，就需要项目经理有掌控全局和具体分析的管理才能。

3.分目标与总目标对接

当项目经理接到一个新的项目时，必定要先对它进行任务细化。这时，完成整个项目就成了团队的总目标，而一个个具体的小任务就成为总目标之下的分目标。要想短时间内高质量地完成任务，就要做到将分目标与总目标进行对接。要知道，只有分目标没有总目标，整个项目就会像一盘散沙，没有总体的框架。反过来，只有总目标，没有分目标，面多繁多复杂的工作，就会不知如何下手。只有将二者有机结合起来，才能够将项目执行力发挥到最佳状态。

对于项目经理来说，要想完成这良好的对接任务，主要应该考虑以下几点：

① 以完成总目标为前提，将整个项目的工作量进行细致划分。然后落实到各部门，责任到人。

② 所划分出来的分目标，都要和总目标保持一致的发展方向，并且在工作任务上，有上下承接关系。

③ 做好完成分目标的保障工作，尽量不让财力、人力等原因影响任务的完成。

④ 分目标的工作量要大小适中，要充分考虑到项目成员的具体情况，否则就会变成空谈。

【项目管理法】 要想整个项目得以尽快完成，必须对各个分目标严格要求。但是，项目经理要注意的是，并不是说分目标完成就能保证总目标一定会实现。这其中，就要注意分目标与总目标的有效对接，只有做到这一点，项目才能够良好地执行下去。

4.根据工作能力派发任务

为了不断提高团队的执行力，保障项目的完成情况，项目经理总会将自己的团队不断进行优化。然而，在越来越多的专业人才进入团队之后，执行力并不一定会有有所提高。出现这种情况的原因，不是成员的能力不够，而是因为工作的分配出了问题。

很多项目经理在成员出了差错之后，首先想到的不是从自己身上找原因，而是责备成员，给他们施加更大的工作压力，殊不知，这样只会适得其反。其实，每个项目成员都有自己的特长，如果能够按照他们的工作能力来安排工作，一定能够让整个团队实现最佳效果。

某集团的总裁曾经说过："在团队的管理上，每一位项目成员都是人才，之所以会达不到预期效果，原因就在于任务派发上。"的确如此，一位聪明的项目经理，应该清楚地了解每一位成员的水平高低。将人才放在合适的位置上，既是项目经理的工作任务，也是管理智慧的体现。举例来说，在项目执行时，绝不会让一位高学历的专业人才做清扫工，也不会让老实敦厚却缺少相应的专业知识的人来进行设计规划。这就是要根据工作能力来派发任务的道理。

【项目管理法】 在工作分配中，不论是大材小用，还是小材大用，都会造成人力、物力上的浪费，只有将合适的成员放在合适的位置上，才能够将整个团队的执行力发挥到最佳效果。

5.擅长什么，就让他干什么

中国有句俗话，叫"杀鸡焉用宰牛刀"。在项目执行的过程中，也会存在类似的情况。有些项目成员自认为能力较强，很难服从上级的管束；而有一些成员则小心谨慎，工作认真却缺乏创新冒险精神；另外，还有一些成员特别看中自我的提升，对于待遇等条件则要求不高。面对众多不同的项目成员，项目经理所要做的就是，让每一位成员都做自己擅长做的事。

在联想集团内部，一般都是先招聘员工，然后根据每个人的不同特点，来安排工作。而不像其他公司那样，按照工作来招人。这样做的目的，就在于充分挖掘成员的潜力，了解他们擅长的工作，然后因势利导，实现效益最大化。

但是在社会上，还是有很多公司利用高工资来吸引高学历的专业人才，然而却将门童、前台、秘书这类的工作安排给他们。尽管有进行实践锻炼的含义，仍摆脱不了人才浪费的嫌疑，同时也显示出了，这家公司对于人才的不尊重，以及项目经理的管理水平不高的问题。

【项目管理法】　工作和成员，是两个相对应的概念。作为项目经理，要学会让成员去做适合他们的工作。只有真正符合项目成员的兴趣，才能够激发其成员的工作积极性。否则，只会让成员为了工作而工作，整个项目也难以高质量地完成。

6.执行单元细化法

在项目执行的过程中，作为项目经理，不仅要将工作任务和目标进行具体划分，落实到人，还要将项目的执行进行单元细化。这样，当项目成员接到任务时，才知道自己具体要做的是哪些工作。

事实上，很多项目在执行过程中出现问题，原因并不在于项目成员的工作能力低，而是由于项目经理没有对任务的执行进行具体说明。在项目开始之前的动员大会上，项目经理常常这样对大家说："这次的项目非常重要，希望大家能够打起精神，把我们的执行力再提高一个水平！"至于究竟提高多少，却是个模糊不清的概念。这就无法给项目成员一个明确的目标，最后致使项目无法得到预想的效果。

其实，如果换一种说法，例如"我们的执行力要比去年同期提高15%"。这样，项目成员对于任务就有了一个比较具体的认识，工作的效率也会有进一步的提升。

一般来说，执行单元的细化，可以有以下几个方面：

① 将总的执行目标划分为一个个小的目标。在这些小任务当中，应该包含有实质性的、可量化的工作任务。

② 对于小目标的划分，要大小得当。划分得太大，没有实际意义，任务分得太小，成员工作难以施展开来。

③ 制定考核标准，对项目成员的工作进行量化评价。

【项目管理法】 对于不同的项目来说，执行单元的细化也应该有所区别。只有具体情况具体分析，才能够真正提高团队的执行能力，保证项目的顺利完成。

7.把责任落实到每个人

在项目的执行过程中，项目经理常常会遇到这样的情况：

当工作出现差错时，却找不到具体的责任人，无法进行及时的补救，最终影响了项目的执行。这就说明了落实责任的重要性，只有将各项工作落实到具体的项目成员，整个项目才能得到良好的执行力。

如果你到过海尔的电冰箱生产厂，你绝对会为那里的卫生条件感到吃惊。特别是那些窗户，每块玻璃都是干干净净，一尘不染。究其原因，是海尔公司将所有的玻璃全部分工到人，除此之外，还给每一块玻璃编了号码。这样，一旦有哪块玻璃不干净，就能够立即找到负责人进行解决。

由此可见，将工作落实到人，不仅关系到项目经理的团队管理，更关系到整个项目的执行情况。如果不这样做，项目成员就会产生一种“旁观者”的心态，即使看到有未完成的工作，也会想“总有人去做，不用我干”。如果所有项目成员都这么想，那么项目还怎么执行下去呢?

作为项目经理，完全不必事必躬亲，只要懂得并能够很好地运用“责任分散效应”，就能够轻松地掌握整个项目的执行情况。

【项目管理法】　一个团队，要想发挥最大的生产力，就必须让团队中的每一位项目成员都对自己的工作负责。而项目经理所要做的，就是把合适的工作分给合适的员工，并且明确工作责任，建立严明的奖惩制度。

8.确保人人都有事做

在项目执行过程中，我们常常会看到这样一种现象：一部分成员起早贪黑地工作，生怕时间不够用；而另一部分人，则是整天闲逛，不知道自己该干点什么。之所以会这样，就是因为项目经理没有做好明确的工作分派工作。在传达工作任务时，并没有直接点出每一位成员的工作，而是向一个小组发出命令。这种做法的直接后果就是，有些成员并没有意识到自己的责任，所以会游手好闲，整天没事做。

其实，要解决这个问题也并不困难。经济学的开山人亚当·斯密提出的“劳动分工”理论就完全适用于这种情况。简单地说，“劳动分工”就是要实现一种人人有事做，事事有人管的团队工作状态。只有这样，团队中的每位项目成员才能真正投入到项目执行中来，项目经理的工作也才会收到最佳效果。要知道，“一个和尚挑水吃，两个和尚抬水吃，三个和尚没水吃”，在公司项目执行中也是同样适用的。美国的苹果公司之所以能够享誉全球，就是因为乔布斯在管理上采用了这种责任划分到人的方法。不仅在各部门之间，就是在一个部门里，也要明确各项工作的负责人，防止互相推诿。

【项目管理法】 要消除团队中的“旁观者”，就要求项目经理将各项工作划分到人，明确责任意识。只有这样，一旦出了差错，才能够及时地进行补救。

9.任务分工要均衡

很多项目经理在安排工作时，都喜欢把重要的工作交给自己信任的成员去做。因为在项目经理看来，这样安排任务既可以让自己放心，又可以保证项目的顺利完成。然而，时间久了，却容易出问题。

站在项目成员的角度来说，虽然这样能够证明自己的工作能力，却要比其他成员多做很多工作，这显然是不公平的。而站在项目经理的角度来说，要管理的不是一两名成员，而是整个团队，只有调动起所有成员的工作积极性，才能够将团队的生产力发挥到最大水平。

当任务分配不均时，一般会出现以下几种情况：接受任务的成员可能会因为工作量太大而草率行事，最终工作的质量没有保证；团队中的其他成员，也会因为不受重视而产生懈怠心理；时间久了，项目经理的权威也会受到影响。而要想避免这些情况的发生，就要将工作任务进行均衡分配。保证团队中的每一位成员都有事情做，改变过去“所有事情一人做”的状态，发挥团队的最大效力。

【项目管理法】　对项目经理来说，只有真正打破“能人思维”，才能够将团队的执行力发挥到最佳。否则，只会出现一人独大的局面，时间久了，既会影响整个团队的工作，也会耽误项目的顺利完成。

10.成员的能力与工作职能相匹配

在项目执行过程中，项目经理都不可避免地会遇到一个问题，那就是项目成员的工作能力距离工作目标还有一定的差距。要想顺利地完成工作任务，项目经理就必须懂得如何把工作进行合理的分配，最关键的一点就是要做到，成员的能力与工作职能相匹配。

亨利·艾伯斯是一位著名的管理学家，他曾经说过：“对于上级来讲，有一项很重要的工作，那就是把下级的工作纳入到一个正常的运行轨道上来。”对于项目的执行来说，同样如此。如果项目成员的工作能力高于他所做的工作，就会产生敷衍了事的心态，认为自己是大材小用了。相反，如果把一项重要的工作分配给一个经验不足的成员，就会给这名成员带来过高的压力，工作的质量也很难得到保证。唯有将二者进行认真的分析衡量，才能做到项目成员的能力与职能相匹配。

有些项目经理会认为，把工作的难度提高，能够让成员得到更好的锻炼。但实际上，这种情况很可能会打消成员的积极性，让他们对自己的工作能力丧失信心。时间久了，整个团队的斗志也会被消磨。

【项目管理法】　项目经理在工作分配上，千万不能赶鸭子上架，硬要让成员承担超出能力范围的工作，也不可“杀鸡用上宰牛刀”，大材小用。只有把合适的工作交给合适的成员，才能让整个团队的生产力有进一步的提高。

11.务必把项目工作量化

很多项目经理在团队管理中，缺乏“量化”的概念。当项目成员完成工作之后，就很难对他的工作价值进行客观准确的评价。由此可见，要想真实把握各位项目成员的工作成绩，就要学会把项目工作进行量化。一般来说，项目经理可以从以下几个方面入手：

（1）把所有的工作列成清单，并对其进行分类

在项目执行过程中，只有制成清单，才能够对所有的工作一目了然，然后可以根据成员的能力进行任务分派。同时需要注意的是，项目经理应该对工作进行分类，这样，在任务完成后，才能够具体问题具体分析，用不同的标准来对工作进行考核。

（2）对于清单中的每一项任务都进行详细的描述

这样做，可以让成员对自己的工作有一个明确的认识，在对工作进行考核时有一个清晰的范围界定，比较容易判断出哪些工作完成得比较好，哪些工作做得还不够。

（3）工作态度也是一个很重要的考核内容

尽管工作态度有些抽象，但却关系到工作完成的质量。项

目经理不仅要看成员现阶段的工作，更要考虑工作态度对于今后任务的重要性。

不论是直接还是间接，只有将任务进行量化，才能够更好地对成员的工作进行考核评价，最大限度降低工作的盲目性。

【项目管理法】 没有具体的量化，工作就会像一团乱麻，分不出头绪。作为项目经理，不仅要能了解员工的工作能力，更要学会对成员工作进行客观准确的评价与考核。

12.通过工作细分明确责任

要想提高整个团队的执行力，就必须让所有项目成员有事做，坚守在自己的工作岗位上。这样，项目运作才能变得井井有条。如果项目成员的角色划分不够清晰，团队内部就会出现一种混乱的状态，项目执行也无法得到高质量的保证。

美国的管理学家彼得·德鲁克曾经说过：“在大多数组织内部，知识性的工作变得越来越专业，对于工作的划分，也变得越来越精细。”其实在项目执行中，也需要项目经理对所有工作进行详细的划分。对于工作能力不同的项目成员，也要在工作任务的分配上有所体现。不管是项目的总负责人，还是最普通的成员，都要有明确的工作任务，唯有这样，才能够保证队伍的战斗力处在一个较高的水平。除此之外，工作任务的细化，还能够防止内部争端，避免不必要的时间、精力和财力的浪费，对于整个项目的顺利完成是有很大帮助的。

其实，要做到这一点也并不困难，只要项目经理多思考，多了解，就能够对工作做出合理的分配。

【项目管理法】 工作细分，不仅是现代化管理的趋势，也是减少浪费、提高执行效率的必要条件。要想成为一名优秀的项目经理，就必须懂得将合适的工作交给合适的成员的道理，否则，团队内部就容易产生混乱，引发管理危机。

项目有了，看你怎么去执行

第八章

项目执行与授权：授权项目成员最忌“半授不授”

授权，最忌讳的就是“半授不授”。有的项目经理表面上把工作交给了项目成员，但在心里却没有完全信任成员的工作能力。这好比放风筝，项目经理的手中永远有一条绳子，对项目成员进行牵制，久而久之必然影响工作效率。

1.事必躬亲的人当不好项目经理

在项目执行过程中，常常会听到一些项目经理抱怨："我费尽心思做工作，结果忙碌了半天，既没有赢得成员的尊重与信赖，项目的执行水平也没有得到提高，这是为什么呢？"其实，原因很简单，就是因为这些项目经理没有搞清楚授权的重要性。他们几乎不给自己休息的时间，事必躬亲，结果工作也没有让自己满意，还累出了一身病。

其实，不论是在公司里，还是在一个小团队中，授权都是十分重要的。只有懂得将权力下放，才能给项目成员充分的发展机会，同时，也能够减轻自己的工作负担，提高工作效率，可以说是一举多得。一般来说，要想实现授权的最佳效果，应该考虑以下几个方面：

① 给项目成员制订明确的工作目标。只有确定了目标，工作才会有动力，同时也能够保证工作维持在一个正确的方向。

② 监督成员的工作进展，并及时给予指导。但要注意的是，既然已经授权，项目经理就不需要再做过多干涉，以防适得其反。

③ 成员完成任务后，要进行考核与审查，确保工作质量。

【项目管理法】 在项目团队管理中，项目经理有时候也需要采用"无为而治"的办法。这样，既能够调动每位成员的工作积极性，还能够减轻自己的压力，同时整个团队的战斗力也能够有所提高。要记住，聪明的项目经理不会事必躬亲的。

2.别让项目成员对你产生依赖感

在一个团队中，项目经理处于主导的领袖位置，要想不断提高项目的执行能力，处理好和项目成员之间的关系是非常重要的。其中有一点，需要项目经理注意：不要让成员过于依赖自己。如果成员把所有的责任都放在项目经理身上，那么就会造成以下结果：项目经理将负责几乎所有工作；项目成员的独立办事能力得不到提高，团队协作也达不到最佳水平，整个项目执行起来会面临种种困难。

要想解决这个问题，就要学会和成员保持一定的距离。学会将工作分配到各位成员头上，指导鼓励他们独立去完成。这样做，一方面，能够锻炼成员的工作能力，另一方面，还能够减轻项目经理的工作负担。相反，如果所有工作都是项目经理独立完成，并不会收到预想的效果，因为在员工看来，这是剥夺了自己成长和锻炼的机会，跟着这样的项目经理，学不到实际的经验。因而，项目经理的威信也会受到威胁，久而久之，团队的管理也会出现问题。

【项目管理法】 有时候，项目经理需要把自己看成是团队的职业教练，从各个方面来锻炼自己的队员，找出项目成员的兴趣所在，挖掘他们的最大工作潜力，激发他们的工作热情。只有这样，才能建立起一支真正高效团结的队伍，项目执行能力也才会有更大的提高。

3.信任不等于放任其胡作非为

一个团队要想获得长久持续的发展，必须要增强团队内部的相互信任。但是，作为项目经理要明白的是，信任并不等于放任项目成员胡作非为。只有在集中管理基础上的责任分派，才能真正起到提高成员工作能力、加强团队执行力的作用。

要想达成这一目标，项目经理可以从以下几个方面入手：

（1）为团队设立共同的奋斗目标

只有目标确定了，成员的工作才会有方向。同时需要注意的是，项目经理在制定目标的同时，要让所有项目成员参与进来，加强成员的团队责任感。

（2）明确每一位成员的工作内容、责任和任务

如果没有明确成员的责任，就会出现一部分成员忙得不可开交，另一部分成员整日无所事事的情况，这对于整个团队的建设是十分不利的。

（3）鼓励成员为团队建设献计献策，加强监管

要让成员真正融入到团队中来，就要带动他们为项目的执行献出一份力，同时，还要注意加强监督管理，否则，工作的

结果就无法得到准确的评估，成员也可能会因为失去了监管而放任自流。

总之，要明确区分信任和放任，项目经理的工作才会有更大的进步，整个团队的执行力也才能够获得提升。

【项目管理法】　项目经理对于成员的信任固然重要，但是要把握好适度原则。一味地放任不管，只会让权力被分散，团队的战斗力也会被逐渐瓦解，最终，给整个项目的执行带来更大的问题。

4.别对部下的部下指指点点

当团队发展到一定程度时，项目经理就要学会分层管理的重要性。分层管理，既能够保证工作得到合理的监督，同时还可以大大减轻项目经理的压力。但是，分层管理也有很多要注意的地方，其中，不越级管理就是项目经理应该注意的一点。

在现代的团队管理中，项目经理“一竿子插到底”的工作方式，已经不再适合社会的发展。要做好分层管理，就要对每一级的工作任务做出明确的划分。当工作中遇到问题时，就要让所属级别的负责人去解决，而不是由最高领导直接进行管理。一般来说，有以下两个方面需要注意：

（1）多观察多思考，少批评少指指点点

要想成为一名优秀的项目经理，就要学会站得高看得远，避免陷入“当局者迷”的困境中。只有对成员的工作进行多观察，才能得出正确的结论。一味地指指点点，不仅会打击成员的工作积极性，还会削弱工作责任人的权威，影响今后工作的展开。

(2) 把握大局，学会难得糊涂

作为项目经理，要分出轻重缓急，知道什么是大事。凡是关乎项目执行的事情，都应该慎重对待，不能马马虎虎，敷衍了事。而那些无关轻重的小事，就可以交给成员去解决，不让自己因为这些小事而分心。

【项目管理法】 不对项目成员进行指指点点，既是对成员的尊重，也是保证工作效率的重要方法。只有遵循严明的管理制度，坚持分级管理的原则，才能够取得事半功倍的效果。

5.谁错了就找谁，授权后做好监控

任何一位优秀的项目经理，都懂得授权的重要性。然而，下放权力之后并不意味着项目经理可以无事一身轻，高枕无忧了。只有做好监控，才能将授权的效力发挥到最佳，也才能够真正提高团队的战斗力。如果在工作分配完成之后，项目经理就觉得万事大吉，开始上网、喝咖啡的休闲生活，那就是大错特错了。

在一个项目团队中，项目经理就像是一位统领着大家的将军，既要准确把握局势，又要在掌控全局的基础上处理好细节问题。监督和检查，是在项目执行过程中不可缺失的一环。只有做好了这一点，整项工作才算是真正完成。要想提高员工的工作积极性，就要认真落实工作责任制。把各项任务都分配到人，谁出了错就找谁，这样就能够对问题进行及时的弥补和挽救。同时，也要建立严明的奖惩机制。工作出色的要给予奖励，工作不认真，出现差错的，要给予警告和批评，同时还要对其进行细心的指导和帮助，避免再犯同样的错误。

【项目管理法】　监督和检查，是督促项目成员自觉完成任务的重要保证。如果放松监管，成员很可能会敷衍了事，随便应付。到时候，整个项目的完成质量就会受到影响，整个团队的执行力也会有所下降。所以，对于项目经理来说，放松监管就等于放弃了团队管理。

6.尝试让下属自己解决难题

在项目管理中，项目经理的管理方法有这样两种方式：保姆式和教练式。保姆式，顾名思义，就是在团队管理中，项目经理扮演了一个“保姆”的角色，几乎做到事事躬亲，只要是成员有了问题，都会亲自帮助他们解决。而教练式则不然，当项目成员有了解决不了的问题时，项目经理会给与他们指导，但不会帮他们把工作做完。一般来说，教练式的管理要比保姆式的管理更有利于团队的进步。

其实，项目成员在工作上对项目经理有依赖，是一种非常正常的现象。但是项目经理要考虑的是，只有当项目成员学会自己独立解决问题的时候，整个团队的执行力才会有所提高。如果一味地跟在成员后面，帮助他们解决问题，不仅会打乱原先的工作安排，还会削弱项目经理自身建立的权威，整个团队就会陷入一种混乱的工作状态。为了避免出现这一点，有时候需要借助“外脑”来帮助解决团队问题。也就是说，要找到专业的管理人才，对项目成员进行培训，提高他们的工作能力，同时将责任划分清晰，明确成员的工作范围。

【项目管理法】 对于项目经理来说，要想提高执行效率，就要像训练士兵一样，来锻炼项目成员的工作能力。这样做，不仅能够保证任务的及时完成，还能够节约成本，缩短工作完成时间，提高成员的工作能力，可谓是一举多得。

7.让项目成员担责是最好的信任

在现代的团队管理中，“大包大揽”的全面管理早已不适应市场的需要。很多项目经理都在授权时犯这样的错误：一方面，将工作交给了项目成员，但是另一方面，又制定出各种条条框框来限制成员独立开展工作。对于这种做法，项目经理常常会以“不放心”为理由，殊不知，这会严重打击成员的工作积极性。时间久了，成员会认为自己不被项目经理信任，工作时就会畏首畏尾，不敢放开手脚。时间久了，成员的工作能力就很难得到进一步的提升。

在这方面，马云的“放手管理”就是一个很好的例子。不论是对电脑，还是对电子商务，马云都不算是非常精通。但是这并没有影响他的企业越做越大。究其原因，就在于马云十分懂得授权的重要性。而且，一旦他决定将工作交给下属，绝不会过多干涉，这就给了下属充分发展的空间和时间。这一点，对于企业的长远发展是十分重要的。

在团队管理中，这个道理同样适用。要对成员表现出对他们的信任，最好的办法莫过于将工作放心大胆地交给他们，对成员来说，这也是一种莫大的精神鼓励。

【项目管理法】　信任，不是挂在口头上的口号。只有把这种信任转化为行动，让项目成员真切地感受到，才能够发挥它实际的作用。要想成为一名优秀的项目经理，就要试着学会让成员独立承担工作责任，但要注意的是不可一蹴而就，而要循序渐进，给放权一个“缓冲”阶段。

8.项目授权管理要做好事前控制

授权，是项目执行中不可缺少的一环。从项目经理的角度来说，把一部分权力交给项目成员，能够帮助自己减轻工作压力，提高工作效率；从成员的角度来看，承担一部分工作责任，就等于拥有了一次证明自己工作能力的机会。如果表现得好，就能够让自己的职位获得进一步的提升。但是，在授权中也有很多需要注意的问题，授权之前的“事前控制”，就是一项重要的内容。

所谓的“事前控制”，也就是指在权力下放之前，项目经理对人员安排、工作限定、时间掌控等都要有一个明确的认识，在此基础上，可以包含以下几个方面的内容：

① 对于成员的工作责任有明确的界定，并以书面的形式进行进一步的明确。

② 切忌“半授不授”的授权方式，项目经理一旦决定要授权，就要对成员有足够的信任和支持。

③ 指导团队进行密切的合作，提高整体的战斗力。

④ 对于工作有明确的考核标准，在成员结束工作后，对其进行客观的检查评定。

作为项目经理，要记住的是，授权不是放任不管，而是一种更加高效理性的团队管理方式。只有做好事前控制，才能让授权取得事半功倍的效果。

【项目管理法】 执行力，是评价一个团队工作质量的重要标准。要想获得高效的执行力，项目经理就要从授权开始做起。不仅要了解每一位成员的特点，还要将工作进行合理的分类。这样，才能把合适的工作交到合适的人的手上。

9.根据项目成员的长处授权

对于项目经理来说，授权并不是简单地把工作交给成员就行了。在这个过程中，要认真考察各位项目成员的特长与优点，然后根据不同成员的特性进行责任分派。只有这样，成员才能对工作抱有极高的热情与积极性，授权工作才能够收到预想的效果。

一般来说，在选择成员的时候，项目经理要考量以下几点：

① 成员要具备诚恳的工作态度，具有大公无私的奉献精神。这样，才能够全身心地投入到工作中来。勇敢地承担自己应有的责任。

② 应该具备正直的品格，这样才能够在工作中做到公私分明，不会因为个人的利益影响工作。

③ 要有独立完成任务的能力。项目经理要摆脱“保姆”的角色，就必须培养成员的独立工作能力，这样，团队的战斗力才能再上一个新台阶。

④ 自信心与抗压性也是必不可少的。没有自信心，在困难面前就会产生退缩的心理，缺少抗压性，就很难完成艰巨的任务。所以，这两点，是一名合格的责任人应该具备的精神特性。

【项目管理法】　只有学会根据员工的长处授权，才能够做到真正的放手管理。把合适的人才放在合适的位置上，是每一位聪明的项目经理应该考虑的问题。如果工作分配中出了差错，不仅会给自己带来困难，还会影响整个项目的顺利完成。

10.合理授权应遵循的原则

在项目执行过程中，项目经理必然会选择一部分责任交给项目成员来承担。但要注意的是，授权也是有其自身的独特原则的。不顾原则，就很容易产生一些问题，例如成员越权，不服从项目经理的管理等，还可能会导致整个团队脱离管理，最终让项目的执行受到威胁。

要想完成合理授权，项目经理就要学会遵循以下三方面的原则：

(1) 明确成员的工作职责，提高成员的责任感

很多项目经理在授权时都会这么说："这件事你自己看着办就行，不要来问我。"表面看来，这表明了一种信任的态度，但是却容易让成员对自己的责任产生敷衍的工作态度。所以，项目经理不如明确告诉成员："这项工作由你负责，如果出了问题，就是你的责任。"

(2) 可以在团队内部办一个授权仪式

这样做，一来能够表现出项目经理对成员的重视和信任，二来也能够进一步增强成员的责任意识，不至于在工作上马马虎虎，犯了大错。

(3) 授权之后千万不能放松监管

只有保证客观准确的审核，才算是完成了授权任务，项目的执行才能够保质保量。

【项目管理法】　遵循合理的授权原则，不仅能够带动项目成员的工作积极性，还能够保证项目的顺利执行。在授权时，要让成员明白，哪些工作可以做，哪些工作超出了自己的职责范畴。只有明确责任，才算是成功的授权。

11.授权的三个组成部分

项目经理要学会管理好自己的团队，就一定要熟练掌握授权这门艺术。这不仅仅是一个工作分配的问题，更是做好项目执行的一门大学问。一般来说，授权有三个重要组成部分：

(1) 选定授权的项目成员

既然决定权力下放，第一步当然是对人员的甄选。在一个团队中，那些具有工作责任感，能够独立完成工作任务，具有团队合作精神和创新精神的成员，是项目经理进行授权时的首选。

(2) 制定明确的工作内容和授权范围

在授权时，工作的内容要大小合适，如果权力过大，成员会因为自己的能力不够而产生退缩的心理，如果权力太小，成员就无法顺利开展工作。所以，在授权之前就对权力进行明确划分，是十分重要的。

（3）把握正确的授权方式

有些项目经理在授权之后，还会对成员的工作进行过多的干预，这会让项目成员产生一种不被信任的感觉。中国有句俗话说得好："疑人不用，用人不疑。"一味地怀疑成员的工作能力，就无法顺利完成工作，整个项目的执行情况也会受到影响。

【项目管理法】 项目经理在授权时，要注意三个重要组成部分：选对成员，明确任务，注意方式。只有把合适的工作交给合适的成员，才能让授权发挥其真正的效果，为团队带来最大的效益。否则，只会影响工作的顺利展开，还不如不进行授权。

12.授权后把握整个项目的控制权

授权不仅仅是分配工作，更重要的是授权之后的整体把握。对于项目经理来说，如果在授权之后就放手不管，就会让工作脱离正常的发展轨道。对成员的信任，并不是说不闻不问，只有适当地监管，才能对团队的工作进行科学合理的引导。那么，怎么做才算是合理的引导呢？就要从以下几个方面着手进行：

（1）授权之前对风险进行预估

要想获得最大的效益回报，就要在授权之前进行风险预估。只有当回报高于投入时，这次授权才是值得的，才有可能为团队带来高效益。反之，如果在预估中，发现这次授权的风险较高，项目经理就要认真考虑了。

（2）授权的是工作内容，让成员放手去干

所谓授权，就是将工作权利下放，对于项目成员是如何完成工作的，项目经理可以选择宽松的对待方式。不要过多干预，指手画脚，否则项目成员就失去了自由发挥的空间。

（3）对工作进行认真检查，对成员进行科学合理的引导

检查，并不意味着不信任，而是督促成员更好地完成工作的合理引导，能够防止成员在工作上走弯路，保证工作的顺利进行。

【项目管理法】　在授权之后，项目经理一定不能高枕无忧。要知道，只有对全局局势进行合理的掌控，整个项目的执行才不至于出现大的纰漏。否则，撒手不管，全凭项目成员摸着石头过河，就很容易产生大问题。

13.给项目成员表演的舞台

要想打造一支真正的强队，提高整个团队的执行力和战斗力，就要学会给成员充分发展的舞台。如果项目经理一味地大包大揽，项目成员的工作能力就很难得到提升。要想改变这种情况，项目经理可以在工作时，给项目成员指出多种不同的工作方法，然后让成员来进行选择，并独立完成工作。这样的好

处是，既可以让成员感受到项目经理的信任和支持，又可以提高成员的工作能力。

2002年的一期《对话》节目中，诺基亚CEO奥利拉曾经谈到过，自己的企业之所以会在十年内获得高速的增长，就是因为公司给员工提供了足够的发展空间。这一点，对于整个公司的执行水平的提高都是很有帮助的。

其实，在一个执行团队中，项目经理如果能够给成员提供一个表演的舞台，不仅能够给自己减轻一部分工作压力，也能够给成员莫大的鼓励与信心。反过来，项目经理凡事亲力亲为，只会让项目成员过分依赖自己，久而久之，就失去了独立思考与工作的能力。

【项目管理法】 在一个项目团队中，很多项目成员都具备很强的工作能力，他们所需要的，就是一个展现自己的舞台。只要项目经理注意到这一点，给成员充分发展的空间，去掉那些阻碍前进的枷锁，团队的执行力自然就会大有提高。

14.“滥权”会导致“失权”

如何看待权力，是每一位项目经理都要面对的问题。特别是在对项目成员放权的过程中，项目经理要把握好权力的使用力度。过分集权，会限制成员的自由发展，整个团队的执行力和战斗力也会停滞不前；反之，过分放权，项目成员就容易目中无人，做出一些越权的事情，难以掌控。所以，项目经理应该认清权力的三个特性：

（1）权力的强制性

强制性就意味着，当项目经理发出一项命令时，需要项目成员立即去执行，而不是商讨。这种强制性，能够保证工作高效率完成，但同时，也有不足之处，那就是容易让成员产生抵抗心理，甚至会被认为自己不被尊重，工作积极性受到打击。

（2）权力的威慑力

很多优秀的项目经理，都不会直接对项目成员呼来喝去，而是在日常的工作中，建立自己的权威，赢得项目成员的尊重与支持。这样，在安排任务时，就不会出现虽多次交代工作任务，但成员还是没有及时完成工作的情况了。

（3）权力的行动性

项目经理的威信不是靠下命令建立的，而是在实际行动中展现出来的。要知道，只会空喊口号的项目经理，不仅会耽误工作，还会失去项目成员的理解与支持。

【项目管理法】　只有正确地认识权利，才能正确地运用它。项目经理要明白的是，滥用权力的结果，就是让权力从手中溜走，只有遵循适度原则，才能带领团队不断向前。

15.坚持“量其能，授其权”

在授权过程中，项目经理需要注意的是，要将合适的工作交给合适的项目成员。只有“量其能”，才能真正“授其权”。授权的关键，在于项目经理要懂得根据员工的能力大小和知识水平的高低来进行授权。如果项目经理不明白这一点，仅凭成员过去的功劳，或者在团队中的资历来进行授权，就有可能带来大的问题。严重的，甚至会影响整个项目的执行。所以，在授权时，要对各种不同的授权方式有所了解。

（1）基本授权

很多新成员在刚进入团队时，十分缺乏实践经验。这个时候，项目经理可以选择一些最基本的工作交给他们，并在完成过程中给予他们及时的帮助和指导。

（2）弹性授权

这种授权方式是指，面对一些比较有经验但技能还有待提高的员工，项目经理可以交给他们一些有挑战性的工作。这时候，项目经理要承担起教练的新角色，在成员遇到问题时，启发他们进行思考，并通过实际行动来训练他们的工作能力。

（3）完全授权

这种授权对象，是指那些工作能力和实践经验都具备的成员，项目经理可以选择那些比较困难的任务交给他们，只要保证正确的大方向，基本就不会出现差错。

【项目管理法】　授权，也讲究循序渐进，由低到高。项目经理要认真分析各位成员的差异和特点，并将整个项目作出科学理性的划分，这样，才能把合适的工作交给合适的人。而不是胡乱分派，酿成大错。

项目有了，看你怎么去执行

第九章

汇报工作是门技术：
能说会道才能当好“项目经理”

很多项目经理都有这样的想法：向上级汇报工作不过是做做表面文章，根本不值得多费心思。其实，这样做不利于你顺利开展工作。正确汇报工作不仅能让上级及时掌握项目执行情况，还可以帮你获得有力支持，赢得更多被委以重任的机会。

1.善于汇报才能当好“心腹”

汇报工作，是项目经理不可缺少的一项工作内容。如何将工作信息准确、及时、高效地传达给项目相关人士，是一门艺术。工作汇报得当，能够向上级展现自己的管理能力和表达技巧，更容易获得上级对工作的支持和帮助。

其实，在汇报工作中，都是有规律可循的。当项目经理有工作信息要向上级请示时，一般都是在自己的职责内出现了新情况、新问题，或者是上级交代的任务超出了预定的计划。这时，项目经理就要及时地向上级请示，否则，擅自作出决定，一旦出现问题，就会影响整个项目的执行，甚至还会危及自己在团队中的位置。总体上讲，可以从以下三个方面入手：

(1) 把握好汇报工作的时机

当上级手头的工作较多时，项目经理可以根据自己的情况将汇报的时间稍微推后一些。最好不要在上级忙得焦头烂额之时，再给他增添新的问题。

(2) 分清轻重缓急

在要汇报的信息中，也是有大有小，有轻有重的。在汇报之前，最好先对信息进行梳理，分清事情的等级，然后用最简洁的语言将重点的工作说出来。

(3) 要学会让上级做选择题

也就是说，在汇报之前，自己的心里应该有几个供选择的解决方案，这样，既能够提高办事效率，也能够凸显出自己的决策能力，让上级对自己刮目相看。

【项目管理法】　学会汇报工作，善于汇报工作，既是项目经理应该掌握的工作技巧，也是帮助自己成为上级“心腹”的巧妙办法。利用好汇报工作这个机会，很可能让自己的职位一步登天；反之，利用不好，则可能给自己的工作之路增添很多未知的困难。

2.及时、准确地听取下属汇报工作

对于项目经理来说，一个人要管理整个执行团队，必然不可能做到事无巨细。所以，除了要对项目成员进行及时的监督管理之外，还要学会及时、准确地听取下属的工作汇报。下属向自己汇报工作，能够让自己在第一时间了解团队工作的最新情况，也就能够提高工作效率，让项目经理实现“运筹帷幄之中，决胜千里之外”的轻松管理。

一般情况下，汇报工作主要有这么几种方式：口头汇报、电话汇报以及书面汇报等。每一种方式都有其自身的优点和不足。项目成员可以根据自己的实际情况来选择合适的汇报方式。比如说，口头汇报能够实现与项目经理的面对面交流，对于一些问题能够进行更深入的讨论。但是，项目经理要掌管的是整个团队，成员不可能随时见到项目经理，这样就会耽误工作。

另外，当项目经理正忙于手头工作时，面对面交流显然也是不合情理的。

有些项目成员希望能够凭自己的能力来解决问题，所以没有和项目经理进行及时的沟通。这种做法，很可能会越忙越乱，最后耽误了工作，引起更严重的问题。对此，项目经理应该做到经常和项目成员进行交流，了解工作的最新进展和遇到的各种情况，这样，就能够避免类似的情况发生了。

【项目管理法】 听取项目成员的汇报工作，是项目经理不可推卸的责任，也是工作范围内的一部分。无论自己有多忙，都要及时地听取项目成员的意见，了解工作的最新进展，这样，才能有利于整个项目的顺利进行。

3.带着解决方案汇报工作

很多人对于汇报工作有这样一种错误的认识，那就是，汇报工作也就是把问题交给上级，自己直接等着解决方案出来就可以了。其实，这种做法，是不对的。因为从上级的角度来看，他手中还有很多需要解决的工作，如果下属只会问“这个问题您觉得我应该怎么做”，不仅会让上级的工作压力更大，也会使上级认为这位下属不具备独立工作的能力。反之，如果下属能够带着解决方案来做工作汇报，就可以节省很多时间，给上级减轻负担。

要想成为一名优秀的项目经理，就要分清哪些工作自己可以独自解决，哪些工作应该向上级请示。其实，经过分类就可以认识到，很多问题只要自己认真思考，并不需要找上级要解决办法。只要将完成后的工作对上级进行汇报就可以了。所以，优秀的项目经理，往往会多汇报少请示。

一般来说，在向上级进行请示的时候，自己的手中应该准备好三个可供选择的解决方案：最具有可行性的，风险最大的以及最可能失败的。同时，对于这三个方案的优劣自己要做到心中有数，这样，才能够完成一次高效率的汇报工作。

【项目管理法】 在一个执行团队中，上下级之间除了领导与被领导的关系，更是一种需要与被需要的关系。要想赢得上级的认可，项目经理就要学会锻炼自己解决问题的能力，让自己成为解决问题的高手，而不是问题推手。

4.哪些情况下必须向上汇报

对于项目经理来说，做好汇报工作不是一件简单的事。这其中，有很多需要注意的问题，其中，最应该明确的就是：哪些情况下是必须要对上级进行汇报的。

① 当一项工作的计划已经制定完成时，应当及时向上级进行汇报。

这样，就能让上级掌握工作的第一手信息，并对整个项目的执行提出合理化的建议，避免开始工作之后重新返工，费时费力。

② 在工作开始一定时间之后，可以向上级进行阶段性的工作汇报。

有些项目经理会选择在全部工作完成后再进行汇报工作。其实，我们并不提倡这种做法。因为工作一旦出现差错，就会因为时间的延误而错过最佳的补救机会。在工作进行过程中对上级进行汇报，就能够给工作调整留出富足的时间来。

③ 工作出现意外或者重大失误时，是一定要及时进行工作汇报的。

“报喜不报忧”的传统观点，在项目执行中并不适用。作为项目经理要记住的是，凡是超越了自己工作权限的，都要向领导进行请示。这样做，一方面，能够表现出对上级的尊重，另外，还可以避免自己承担不必要的责任。

项目经理每天要完成的工作有很多，但并不是每一件都要向上级进行汇报。只有那些有必要请示及上级关心的问题，才属于真正有意义的汇报内容。另外，在上面所说的三种情况下，项目经理千万不可大意，一定要向上级领导请示才行。否则，就很可能让自己承担不必要的责任和处罚。

【项目管理法】 项目执行中及时对上汇报紧要情况，有助于有效处理紧急事态。如果没有及时地进行汇报，既会影响工作的进展，还会让自己承担不必要的责任，得不偿失。

5.给上司绘制一张“心理周期图”

在汇报工作时，项目经理如果能够了解到上级的心理变化，给上司绘制出一张准确的“心理周期表”，那么在进行工作汇报时，就可以根据这张图表，来对上司的心理状态进行判断，从而提高工作的成功率。一般来说，一个星期之内，上司的心理状态会发生如下的变化：

周一，是一个星期中最忙的一天。根据调查显示，有将近42%的人不希望在上班的第一天就被工作包围。所以，项目经理如果要想在周一进行工作汇报，就要再多考虑考虑了。

周二，相对来说是汇报工作的良好时机。经过紧张混乱的周一，上级的工作已经进入正常状态。项目经理选择在这个时候进行工作汇报，成功率会大大提升。

周三和周四两天，人们的情绪会不断下跌，工作效率也会受到影响。这是因为经过前两天的忙碌，上级已经开始进入身心疲惫的状态，所以，对于汇报工作来说，这两天都不是好时机。

进入到周五，可以说迎来了又一次最佳沟通时机。由于在周五之后，将会有两天的周末休假，所以一般来说，上级的工作状态不会太糟糕。所以，项目经理可以在周五的时候，向上级请示一些工作的问题。

【项目管理法】 把握好上级的心理和情绪，对于完成工作是十分重要的。作为项目经理，要想在项目的执行过程中得到上级更多的帮助与支持，就要学会自己绘制“心理周期图”，掌握好上司的情绪“晴雨表”。

6.营造良好的汇报氛围

项目的执行能否顺利完成，工作能不能保质保量，特别是对于项目经理来说，汇报的任务能不能得到上级的批准，在很大程度上，都和汇报时的氛围有关。所谓良好的汇报氛围，就是说要保证上司有一个良好的心情，情绪处于上升的阶段，这样，通过的成功率就会比较大。如何营造良好的汇报氛围，是项目经理应该思考的问题，也是最值得掌握的一门技巧。一般来说，项目经理只要掌握了以下几条秘诀，对于工作就会大有帮助：

首先，在汇报工作时不要直奔主题。有的人也许会认为开门见山的汇报方式，省时省力，能够尽快得到解决办法，殊不知，在上司没有做好思想准备的情况下，直击主题可能会让自己的工作遭遇更多的问题。所以，对于项目经理来说，可以在汇报之前先和上司进行一些轻松的交谈，给上司留出一个思考的缓冲时间，然后再讨论工作的问题。

其次，要学会对上司做出适当的恭维。学会赞美领导的长处和优点，有利于创造出和谐的汇报氛围。但要注意的是，恭维领导也要把握好适度原则，以防过犹不及，误了正事。

最后，挑选黄金时机进行汇报工作。领导心情轻松愉快的时候，是汇报工作的最佳时机，被批准的通过率也会提高。

【项目管理法】　营造良好的汇报氛围，既有利于自己工作的进展，又能够让领导感觉到自己对上级的尊重与欣赏。氛围不好，就算是自己汇报的是好消息，也可能引起上级领导的不快，给自己的工作带来更多的问题和困难。所以，对于项目经理来说，这是一门需要好好研究的艺术。

7.汇报的技巧你掌握了吗

在项目工作的汇报上，不仅要有充足的准备，还要求项目经理掌握一定的技巧。有了技巧，工作就能够收到事半功倍的效果。一般来说，在工作汇报中，有以下几方面需要项目经理注意：

(1) 隐藏个人情绪

在工作中必然会有很多看不惯的人和事，有时候，要想成为一名优秀的项目经理，就要学会带上一个面具。特别是在面对上级领导的时候，要学会隐藏情绪。不要把自己的喜怒哀乐全都挂在脸上，这样做，一方面有利于工作的开展，另一方面，也能更好地保护自己。

（2）汇报工作要学会“小题大做”

很多人在工作时，费尽心力，吃尽苦头，可是在面对上级领导时，却把自己的工作说得很轻松。在他自己看来，这是一种替领导分忧，展现自己能力的表现，殊不知，这种做法，只会让自己的辛苦白费，得不到应有的欣赏与奖励。

汇报工作，是门技术活。只有真正找到了汇报的技巧，才能够成为一名合格优秀的项目经理，自己的工作也会越做越顺利。

【项目管理法】 掌握好汇报工作的技巧，对于项目经理来说是非常重要的。这样，不仅能够提高办事效率，还有利于自己职位的提升。所以，要想成为一名合格优秀的项目经理，必须在这方面下足功夫。

8.越级汇报等于给自己布陷阱

很多项目经理在工作中都会犯一个错误，那就是越级汇报。也许从他们自身的角度来看，这种工作方式会更快地得到上级领导的赏识，但实际上，无论是哪方面的工作，只要不是上级领导主动召见的，越级汇报都会招致别人的反感，还会给自己多树敌，影响自己在公司中的地位。

一方面，越级汇报会影响自己和同事之间的关系。要知道，在一个公司里，每个人都希望得到提升。这时候，如果自己越级汇报工作，就会让同事感觉出自己的野心，这在一定程度上，会让自己的竞争对手变多。

另一方面，站在上级领导的角度来讲，越级汇报这种工作方式，说明了汇报者没有给予自己的直接领导足够的重视与尊重。同时，还可能让上司之间产生误解，这会严重影响自己的工作开展与职位提升。

另外，越级汇报还可能被一些不明真相的人所利用。在他们看来，这种做法无非就是拍领导马屁，自己也会被认为是一个势力之人，不值得尊重与信任，久而久之，自己的权威就会大有损伤。

要想避免这些问题，就要切记：越级汇报要不得。一旦做出，就会给自己带来很多未知的问题，让自己陷入困境。

【项目管理法】　越级汇报是一步险棋，走得好自然不必多说，走得不好不仅会影响自己的形象，严重的还可能因此丢了工作。所以，项目经理在这一点上要慎之又慎才行。不要为了一时的野心，酿成无法挽回的错误，最终丢了工作。

9.不要事事汇报，要着重汇报

在对上级进行工作汇报时，要事先对工作进行梳理，挑选出重点内容。因为，聪明的项目经理都知道，并不是所有的工作都要进行汇报的。上级领导工作繁忙，所能关注的内容是有限的，而自己要做的，就是要让他在这有限的时间里，接收到最重要的工作信息。要想达到这一目标，项目经理就要从以下几个方面做起：

① 以点带线、以线带面，在所有的工作信息中，挑选出最关键、最具有价值的内容来进行汇报。这样，也能将所有工作梳理出一条明晰的线路来，也就是我们常说的“若网在纲，有条不紊”。

② 汇报领导最关心的内容。相比那些无足轻重的信息，汇报领导最关心的内容往往能够取得事半功倍的效果。这样做，也能让领导感受到自己是在用心地做工作，而不是一股脑地全都交给领导来选择。

③ 重视结果，而非过程。对领导来说，自己最关注的就是事情的结果如何，至于中间是如何完成的，就是项目经理要做的工作了。所以，在汇报工作时，只要挑选出工作结果进行汇报就可以了。

凡事都有轻重缓急，项目经理在汇报工作时，不用件件事都提到，只有分清重点，才能让自己的汇报更有价值，也更容易赢得领导的青睐。

【项目管理法】 汇报工作，不只是简单的汇报，对于项目经理来说，要掌握关键的汇报技巧，才能够取得省时省力、事半功倍的效果。

10.就汇报工作而言，一分钟足够

进入现代化社会，每个人每天都要被海量的文字语言所包围，所以，如何选取最具价值、最重要的内容，并用最简洁的语言将其表达出来，就是检验一个人是否具备信息筛选的能力了。在一家公司中要想成为一名优秀的项目经理，就要学会在汇报工作时尽可能缩短时间。其实，一般来说，汇报工作用一分钟足够了。

对于一般人来讲，一分钟转眼就过去了，根本说不清楚什么。但是，对于那些汇报高手来讲，一分钟可以包含很多重要的信息内容。要想成为汇报高手并不难，只要经常训练就可以做到。一位沟通大师曾经说过，要想提高自己的汇报能力，首先要做的就是训练出自己对时间的掌握能力。让时间的密度提高。所谓的时间密度，就是说要在一定的时间内，接收到或者说出更多的重要信息。久而久之，自己对于时间的把握能力就会越来越强，在一分钟内汇报完所有重要的工作，也不再是难事。

有些项目经理喜欢把汇报工作变成作报告，洋洋洒洒半个小时甚至一个小时。殊不知，这种做法，只会让上级领导觉得你工作做得不到位，没有重点，也不懂得把握时间，这对于自己今后工作的开展，以及职位的提升都是不利的。所以，项目经理在汇报工作时应该力求简洁明了。

【项目管理法】 就汇报工作来讲，时间短、效率高的办事方式，一般都能得到上级领导的欣赏。一分钟，对于普通人来讲是稍纵即逝，但是对于项目经理来说，如果能够学会在这么短的时间内，顺利完成汇报的工作任务，既能够显示出自己的汇报能力，还容易赢得上司的青睐，帮助自己的职位得到进一步的提升。

11.如何汇报坏消息而不遭殃

在项目执行的过程中，不可能永远一帆风顺。工作中出现意外和失误是难以避免的。作为项目经理，要学会如何将这些坏消息用合适的方法报告给上级。学会如何汇报坏消息而不遭殃，是项目经理的必修课。一般来说，可以从以下几个方面着手学习：

（1）要选择合适的时机来进行汇报

相对于那些工作顺利，任务完成的好消息，坏消息的汇报时机更为重要，最好选择在周围没人的时候告诉领导，这样，上司接受起来也比较容易。

（2）要对汇报语言进行谨慎地选择

在汇报坏消息时，一定要学会委婉地来表述。很多人在汇报工作时，把领导惹怒，并不是因为事情本身，而是因为自己的话说得不恰当。所以，在汇报之前，项目经理要想好如何将这个坏消息准确而又恰当地表达出来。

(3) 在开口之前想好解决办法

当你有一个坏消息要报告时，最好自己先想好解决问题的出路，否则，一味地将责任丢给领导，只会加重领导的工作负担，更容易让领导对自己产生不信任的感觉。

谁都愿意汇报好消息，但是不能避免坏消息的发生。对项目经理来说，就要掌握汇报坏消息的技巧，要做到既保证了消息的顺利传达，又不让自己的工作受到威胁。这样，才是一次成功的工作汇报过程。

【项目管理法】 相比起例行的工作汇报，坏消息更容易让领导发怒。所以，要想成为一名合格的项目经理，就要在汇报坏消息时，提前做好各方面的准备，这样，才能避免让自己承担不必要的责任。

项目有了，看你怎么去执行

第十章

为项目挤出时间：你的效率是整理出来的

对一个项目来说，执行时间总是有限的，难怪许多项目经理经常抱怨时间不够用。但是，项目执行到位不能仅仅靠延长时间来实现。聪明的项目经理在平时注重提高效率，因此总能按时、高效完成任务。

1.保证工作一次做到位

很多项目成员在干工作时，会犯这样的错误：在项目的执行过程中，敷衍了事，得过且过。等到项目经理审查不通过时，又重新返工，加班加点，费力不讨好。这种工作方式，不仅自己的工作能力得不到提升，还会影响自己在项目经理心中的形象。久而久之，会让上级失去对你的信任和支持，你的工作职位也很难再得到提升。

要改变这一现象，就要学会把工作一次做到位。一般来说，项目经理可以从以下几个方面要求成员：

（1）确立明确的工作目标

目标确定了，工作的方向就容易定下来，要求项目成员按照既定的工作计划来一步步完成任务，基本就可以保证项目按时完成。

（2）对工作进行分类，将工作重点难点放在首位

先将这些重点任务完成之后，再去进行其他较为简单的工作，这样就可以避免发生工作上敷衍了事的情况。

（3）保证工作完成后的考核检查

没有检查，就不容易对项目成员进行严格的管理。只有坚持客观准确的评价，才能够不断提高工作质量。

要想省时省力，就在第一遍工作时尽心尽力，做到最好。不要期望在第二次返工的时候，再进行补救。要知道，“一鼓

作气，再而衰，三而竭”，多次的修补改正，不仅会影响项目成员的工作态度，也会让项目的完成质量难以得到保证。

【项目管理法】 项目经理，是一支执行团队的领导者。只有自己培养出良好的工作习惯，整个团队才能发展得越来越好。保证工作一次性做到位，既是对项目负责，同时也能够让自己避免因为成员的失误，而承担不必要的惩罚。

2.提高团队的效率

要想顺利完成项目，没有一个优秀的团队是不可能的。无论项目经理个人的能力多强，也需要团队合作才能完成项目。所以，如何提高团队的工作效率，就是一个非常值得考虑的问题。要想为自己打造一支强劲的团队，项目经理可以从以下几个方面入手：

（1）明确自身的定位

在一个项目团队中，项目经理不能有太强的个人英雄主义，否则，整个团队的势头就被个人的表现打压下去，难以发挥正常的工作效力。所以，项目经理应该明白，自己是团队的引导者和管理者，不是大包大揽的保姆。

（2）鼓励团队中的成员进行及时有效的沟通，保证信息能以最快的速度上传下达

信息的共享，有利于整个团队凝聚力的增强，反之，信息

交流不畅，则会影响工作的顺利进行。

（3）不能放松对团队的监督管理

没有监管，工作的质量和时间就无法得到保证。所以，任何时候，项目经理都不能放任团队管理，否则，团队很可能变成一盘散沙，难以保证工作的正常进行。

团队的执行效率高低，在很大程度上都是由项目经理所决定的。一个好的项目经理，能够通过自身的工作来影响所有的项目成员，带动大家的工作积极性和工作热情。相反，那些自身缺乏热情和责任感的项目经理，只会削弱大家的士气，影响项目的顺利完成。

【项目管理法】 美国的著名管理大师曾经说过：“管理最高表现，在于发自内心。”对于项目经理来说，要想提高团队的工作效率，就必须从自身做起，提高自己的管理水平，不断巩固团队的凝聚力。

3.正确估算项目时间

一个项目的完成，肯定有一定的时间限制。项目经理作为一个团队的领头人，就要对项目完成所需要的时间做出正确的估计。一个完整的项目，必然会包含很多个小项目，但是整个项目完成的时间，并不等于所有小项目完成时间的简单相加。所以，项目经理要懂得在工作中进行调整，保证项目按时完成。

要想对项目时间进行正确的估算，项目经理可以从以下几个方面入手：

（1）将工作分派下去，然后由各小组负责人来对时间进行估计

这种做法，一方面能够提高各位负责人的工作责任感，另一方面，也能够尽可能减少在时间上的误差。因为项目经理的工作精力总是有限的，如果仅凭他一个人来对项目完成时间进行估算，难免会出现一些漏洞。

（2）要充分考虑到意外事件，留出弥补的时间

在项目的执行过程中，总会有一些意想不到的情况发生，所以，项目经理要留出充分的备用时间，保证整个项目的完成不受太大的影响。

（3）充分考虑项目成员的工作能力和办事效率

只有从具体情况出发，才能够保证项目的顺利执行。否则，一味地赶时间，就难以保证项目的质量。

【项目管理法】　正确估算项目的时间，既能够明确团队中每一个项目成员的责任，又能够让工作处在自己的掌控范围之内。要想成为优秀的项目经理，就必须学会对项目时间的把握和控制。

4.编制项目进展报告

要想准确把握项目的进展情况，只有计划是不够的。项目经理还要学会制定出合理的项目进展报告。和项目计划相比，进展报告属于文字性的表述，更能够反映实际情况，同时也能够为项目经理的工作提供更多更详细的决策依据。所以，学会制定项目进展报告是非常重要的。一般来说，报告中要包含以下几方面内容：

（1）管理概要

顾名思义，管理概要就是对项目的情况做出整体性的把握。其中，包含两个方面：一是使用对象，也就是明确这份报告的使用者包括哪些人；二是注意事项，即在概要中，将应该注意的特定信息标注出来，引起大家的重视。

（2）工作进展说明

这部分位于整个报告的核心地位。项目经理要在这里说明现阶段项目的进展情况，对于各部门的工作做出简单明了的总结，同时还要对遇到的问题做出详细的说明，并找出引起问题的原因。这样，才能为下一阶段的工作提供可借鉴的经验。

（3）延迟报告以及里程碑报告

这两部分和阶段性的工作总结相类似，目的都是总结当前，指导接下来的工作。

（4）可交付报告成果

在这一部分中，主要说明了项目审查、签收的负责人有谁，以及项目何时可以竣工等。

一份进展报告的基本组成部分就是管理概要、工作进展说明、延迟报告以及里程碑报告、可交付报告四个方面。对项目经理来说，认真编写进展报告，既是自己的职责所在，也是向上级领导展现自己的好机会。

【项目管理法】 编制项目进展报告，有利于项目经理更好地掌握当前的项目执行情况，同时也可以为今后的工作提供一些经验。除此之外，这种书面的表达形式，也更有利于项目经理保留总结性的资料。

5.掌握项目时间估算方法

对于项目经理来说，要想顺利地完成整个项目，学会正确的时间估算方法是非常重要的。一般来说，估算时间的方法有以下几种：

（1）利用以前的经验

一个聪明的项目经理，是不会事必躬亲的。中国有句古语说得好，“君子性非异也，善假于物也”。说的就是学会借助外力来达到自己的目的。在项目执行过程中，项目经理可以参考以前所做过的项目，根据以往的时间安排，对自己的工作时间进行估算。虽然具体的情况会有差异，但总体上不会差得太多。

(2) 学会利用历史数据

在现代社会中，信息流通速度不断加快。要想做出正确的时间估算，可以在报纸、杂志以及公司以往的资料中找到相关的材料，从中获取对自己有用的信息。

(3) 参考专家给出的意见

当项目经理对时间不好把握时，可以向专家请教，请他们帮助自己做出估算。通常，可以同时向多位专家询问，这样就能最大限度地避免估算失误。

不同的方法有不同的优势和不足，项目经理要根据具体情况来进行选择，保证项目能够按时、保质保量完成。

【项目管理法】 在项目时间估算方面，还有很多种方法。对于项目经理来说，熟练掌握其中几种方法就可以了。一般来说，利用以前的经验，利用历史数据以及借助专家的意见，是普遍且高效的三种方法，项目经理应熟练运用。

6.如何加快项目进度

在项目的执行过程中，为了尽可能地降低成本，有时候就需要加快项目的进度。对于项目经理来说，如何做到既节省工作时间，又保证工作质量，是一项重要的挑战。但实际上，要加快项目的进度其实并不难，关键就在于是否掌握了基本的方法。

一般来说，有这样两种办法可以帮助加快项目的进度：

（1）赶工

运用这种方法，就要学会平衡成本与进度之间的关系。通过对工作的调整，达到用最低成本进行最大限度的进度压缩的目标。简单地说，就是要求项目经理在工作中增加人员和设备等的数量，以提高办事速度，缩短实际的工期。这种办法的优点在于能够大大缩短项目所用的时间，但是也有不足，那就是增加了成本的投入。

（2）快速跟进

这种做法实际上是调整了工作之间的顺序关系，通过同时进行多项工作等办法，来减少项目完成所需的时间。但是，在调整工作之间的逻辑顺序时，有可能给项目带来一些未知的风险，甚至最终影响整个项目的进展。这就要求项目经理在采用快速跟进办法时，全面考虑，认清利弊。

在实际的操作中，会遇到各种不同的情况，项目经理不能用一套死板的框架来执行工作，只有具体情况具体分析，才能真正完成工作，达到预期的目标。

【项目管理法】　无论是哪一种方法，都有自身的优势与不足。项目经理要想加快项目的进度，不能仅仅看到时间上的变化，还要充分考虑到投入成本和预知风险的因素，从而保证项目的顺利完成。

7.管理好自己的时间

要想成为优秀的项目经理，必须有良好的时间掌控力。只有管理好自己的时间，才能有更多的精力来管理自己的项目成员，指挥自己的团队。一般来说，管理时间的方法有以下几条：

① 在每天早晨把一天的工作任务列成清单，同时挑选出最重要的几项放在首要位置。

② 制订阶段性计划，可以是一星期，也可以是一个月的。将要完成的任务和预定的目标写下来。

③ 保证自己办公空间的整洁，养成收纳整理的好习惯。

④ 定时清理不用的文件资料，将它们保存在固定的地方。

⑤ 树立正确的办事观念。狠抓项目团队管理，提高工作效率。

⑥ 掌握正确的工作方法，加强项目成员之间的沟通交流，学会适当的授权，学会在工作中扬长避短。

其实，对于项目经理来说，管理好自己的时间不仅有助于自己的工作，更能够带动整个项目团队的工作积极性，促进项目顺利完成。那些常常在工作中遇到困难的项目经理，很大一部分原因就在于没有对时间好好掌控，才给这个项目的完成带来了许多麻烦。

【项目管理法】　作为项目经理千万不要小看对时间的掌控与管理。时间管理做得好，能够让项目的执行得到事半功倍的效果。相反，那些没有时间概念的人，总会在工作中拖拖拉拉，丢三落四，最终影响整个项目的顺利完成。

8.制定项目进度的标准

俗话说，没有规矩不成方圆。在项目的执行中，也要有一个可以参照的标准，项目成员的工作才能有所依托。没有标准，大家各行其是，既容易造成工作的混乱，也会影响整个项目的完成。制定项目进度的标准，属于项目经理工作中的重要一部分。具体来说，主要有以下两点：

（1）对工作任务进行概述

在概述的标准中，应该包含的有项目的简单概括和阶段性的概述两部分。前者要求明确工作的时间段、工作内容以及标志性事件的发生时间等。后者则是要对每一阶段的工作做比较详细的说明，包括工作的分配、项目的展开以及各阶段的具体安排等，都应该有所体现。

（2）对任务的说明要有标准

作为项目经理，要对项目中的每一阶段任务有清楚的了解，并且要处理好任务与任务之间的逻辑关系。只有这样，才能建立起清晰的任务层次，更有利于整个项目的顺利完成。

要想保证项目得到高质量地完成，项目经理就要准确掌握好项目的进度，制定出合情合理的评判标准，从而给所有的项目成员树立起标杆，激发大家的工作积极性和工作热情。

【项目管理法】 对项目经理来说，千万不要小看对项目进度标准的制定。做好这项工作，不仅能够帮助自己顺利完成工作，还能够锻炼自己的管理能力和整体掌控力，久而久之，就能成为一名出色的项目团队管理者。

9.进行合理的进度变更控制

对项目经理来说，保证项目的顺利完成是义不容辞的工作责任。但是，在一个项目的执行中，难免会遇到这样或那样的困难。这就要求项目经理要对整个项目的进度有着清晰的把握。一旦项目的进度出现了变更，要及时了解到最新的情况，以防因不明情况而做出错误的判断。

要想将判断的误差降到最低，项目经理可以从以下三个方面来着手工作：

① 要对出现的进度偏差作出判断，看看是否有必要立即采取行动进行改正和弥补。一般来说，当进度偏差属于非关键性的事件时，不必要立即采取行动，因为它不会对整个项目有太大的影响。但是，当出现重大的错误时，项目经理就要马上提高警惕，对工作的完成时间、工作顺序以及进度计划等做出重

新安排。

② 学会对相关的进度文件进行适当的调整。当项目执行中出现进度偏差时，项目经理首先要想到的，就是及时更改原先制订的计划，以便使其更加符合现阶段的具体情况。一般来说，项目的开始时间和结束时间是首先要更改的，当偏差比较严重时，就要对现有资源、项目预算以及进度更改原因等做出详细的书面记录，为今后的工作保存一份有用的资料。

③ 要将工程费用、合同更改以及调整范围等有机结合起来。只有将各方面的工作做到位，才是一次真正意义上的进度更改，也才更有利于整个项目的完成。

【项目管理法】 在实际的工作中，总会出现各种各样的问题。作为项目经理，就要学会根据具体的情况，来对项目的进度做出适当的调整，使其更符合今后的工作方向。

10.如何把握项目进度的指标

在项目的执行过程中，负责人应该学会掌握一些与项目进度有关的指标。这些指标，能够帮助自己对项目的进度有更直观、更深入的了解，也有利于工作的继续开展。一般来说，可以从以下几个方面入手：

（1）明确项目开始和结束的时间

有了这两个时间，就等于把工作的进度限定在一定的范围内，有了时间限制，项目成员才会有责任感和紧迫感，否则，很容易拖拖拉拉，影响项目的顺利完成。

（2）了解项目的执行期

所谓项目的执行期，就是指从签订合约到项目完全结束的一段时间。对项目的执行期有了明确的把握，就能够更好地满足客户的需要，提高项目的完成质量。

（3）对于项目经理来说，掌握几个基本的计算公式是必要的

例如：最早结束时间=最早开始时间+活动的时间估计，最迟开始时间=最迟结束时间-活动的时间估计。学会了正确预估项目完成所需的时间，能够更好地掌握项目的进度。

【项目管理法】 项目经理，是一个执行团队的核心人物。所以，必须对所有情况都要做到心中有数。项目的进程，关系到项目能否按时保质完成，是最不能忽视的。因此，学会科学合理地把握项目进度的指标，是项目经理的基本功。

11.制订项目进度计划

在项目的执行过程中，项目经理要学会根据具体情况，制订出切实可行的进度计划。只有进度计划确定了，其他相关的计划，比如资源计划、物资计划以及费用计划等才能够确定下来。为此，项目经理可以从以下几个方面入手：

⑴ 学会给任务定义

所谓的任务定义，就是指对工作包进行详细的描述，与此同时挑选出必须要及时完成的任务。一般来说，任务的工期长度限定在两周以内是比较合适的。

⑵ 要学会给任务排序

在一个项目中，每一项划分出来的工作之间都会有这样或那样的联系，只有理清了其中的逻辑关系，才能够给工作做出合理的排序，不至于轻重颠倒，影响项目的完成。

⑶ 要学会对工期进行科学的估算

具体来说，又包括简单的估算和复杂任务工期估算两种。项目经理要根据具体的情况，做出适当的调整，从而让估算的误差尽可能地减少到最小。

只有制订出科学合理的项目进度计划，项目成员才能朝着目标奋勇前进，否则，没有了工作目标，工作就很难顺利开展起来。

【项目管理法】 对项目经理来说，学会制订项目进度计划，既是提升团队执行力的关键，又是展现自己管理能力的好机会。做好这一点，不仅有利于项目的顺利完成，还能够提高整个团队的战斗力。

12.选对项目进度控制方法

要想实现项目的顺利进行，项目经理应该学会一些项目进度的控制方法，从而对项目进行科学的安排与控制。一般来说，项目进度的控制方法有以下几种：

（1）条形图表与进度安排表

顾名思义，这种方法就是要求项目经理根据每天的工作信息和资料，绘制出直观可见的条形图，以此来对项目的进度有更直观的了解。这种方法的好处就是简单方便，但是如果项目较大，就不利于操作和运用了。

（2）关键路线法

这是控制项目进度最常用的方法之一。利用关键路线法，可以将所有工作有关联地联系在一起。它的好处是，既有利于资源的合理分配，又能够协调各方面的关系，激励团队实现最大的执行力。

（3）里程碑系统

这种方法又叫做关键日期表。也就是在所有的工作项目中，选出具有代表意义的事件，以此来串联起整个项目工作。这种方法执行起来也比较简单，能够将整个项目的进度安排清晰地表述出来。

项目进度，关系到项目能否按时完成，也标志着一个团队的执行能力。控制好进度，展现了一名优秀的项目经理的整体掌控力。

【项目管理法】　不同的项目进度控制方法有不同的优缺点，对项目经理来说，只有明确了具体情况，才能够选择出合适的控制办法。不过，一般来说，条形图进度安排表、关键路线法和里程碑系统是比较常用的三种方法，熟练地掌握其要义，对项目的进度掌控是大有帮助的。

项目有了，

看你怎么去执行

第十一章

项目执行重细节：小事情关乎项目大成败

项目执行中的成败，在很大程度上取决于“细节”。许多企业将大笔资金投入到一个项目中，往往只是为了赚取百分之几的利润，而在执行中任何一个微小的失误，都有可能让投资者亏掉老本。可以说，细节，是项目执行的关键和突破口。

1.不忽视任何一个细小的问题

一般来说，细小的问题就是细节，细节则是细小的事物、环节或情节。有这样一首民谣：丢失了一个钉子，坏了一只蹄铁；坏了一只蹄铁，折了一匹战马；折了一匹战马，伤了一位骑士；伤了一位骑士，输了一场战斗；输了一场战斗，亡了一个国家……可见，最细小的问题也不容忽视，无论做人、做事，都要注重细节，从最细小的事情做起。

而在项目执行中，细小问题往往会因其“小”而容易被项目团队所忽视，并掉以轻心；也因其“细”，常常让人感到烦琐，不屑一顾。但正是这些项目中的细小问题成就了项目的成功，也同样会导致项目执行的失败。那么，这时候，一个优秀的项目经理该怎么做呢？

(1) 项目成员要有强烈的责任心

要想项目执行得顺顺利利，需要每一个项目成员都在工作中树立强烈的责任心，不放过任何一个细小的问题。这就是说，要关注项目执行中的每一个细小的问题，即目标要细，要求要细，责任要细，措施要细。

(2) 项目经理及成员都要克服华而不实及随意性的作风

项目执行中的每个成员都要克服华而不实的作风。项目经理则要改变随意性、粗放式的管理方式，健全制度、堵塞漏洞，让项目执行走上制度化、规范化的轨道。

（3）勤动脑筋

注重细小的问题，还需要项目成员勤动脑筋，比别人花费更大的工夫和精力。因为人的精力是有限的，项目执行中的工作又是烦琐的，工作中往往会顾此失彼，所以，无论是项目经理还是项目成员，都要时刻保持战战兢兢、如履薄冰的心态，抓大事不忽视小事，放眼全局不忽视细节，这样才能保证把项目执行的各项工作落实到位。

【项目管理法】　细节决定成败。细节差之毫厘，结果谬以千里，真理和谬论往往只有一步之遥。项目经理应该意识到，一个由数以百万计的个人行为所构成的巨大项目，经不起其中1%的行为偏离正轨。

2.关键工序影响项目质量

在项目执行的过程中，最为关键的是要抓住项目执行工作的重点，抓好源头，抓住少数关键的工序。把著名的“帕累托定律”应用到项目执行的工作中，就是执行过程中的20%的投入占了80%的生产成本，而80%的质量问题，实际出在20%的工序上。要提高项目执行质量的办法有很多，比如：

（1）对每个工序和关键环节进行研究

从原材料、加工过程、生产流水线到项目的售后服务，找出最容易出问题的地方，不断进行质量改进。只要能把容易出问题的关键工序执行到位，就能大幅度提高项目执行的质量和合格率。

（2）重视质量分析工作

要抓住项目执行中的关键环节和重要工序，就要重视项目中所需产品的质量分析工作。项目执行中的质量分析工作要由专人来做，项目经理要舍得花大力气、舍得投资培养质量分析人员与质量检验人员。

在条件允许的情况下，要想方设法完善质量检验设备。当然，这在一定程度上需要整个企业作为后盾，需要企业领导的支持。

（3）要注意利用技术革新解决质量问题

在项目执行的过程中，项目经理要积极鼓励技术革新人员通过钻研业务，用各种技术手段来改革现有设备存在的问题，尤其是对质量有影响的问题。提高质量靠管理，但在某种意义上，技术上的进步对质量的提高也相当重要。

【项目管理法】 质量是项目能否赢得顾客的最好保证。抓住了项目执行过程中的关键工序，就抓住了项目质量的牛鼻子。所以，项目的关键工序绝不能出任何纰漏，这是底线。

3.认真对待执行中的每一个步骤

步骤是指事情进行的程序，也指事情进行的轻重缓急，是一个完整过程的组成部分。项目执行工作一般分为以下几个步骤：对将要进行的项目进行安排；对项目的执行工作进行授权；安排项目执行即活动的日程；估算项目所消耗的成本费用；项目经理组织项目成员按照项目的计划完成预定的工作。

当然，在执行一个项目之前，项目经理还必须事先做好一系列的准备工作，以便为后续的项目执行工作创造有利的环境。一般来讲，项目执行需要准备的工作内容有：项目计划的核实；项目执行人员的架构；项目参与者的确认；项目团队的组建；项目规章制度的实施；项目执行前的动员。

无论是对项目的准备工作还是执行中的过程，项目经理都要认真思考，考虑周全，以防因一失而全盘皆输。

（1）项目信息的及时沟通

在项目的执行中，最重要的就是项目信息的沟通，即及时了解项目的进展情况，以项目报告的形式定期通报项目进度，从而为项目执行的质量提供保障。

（2）控制项目的执行过程

项目执行的过程控制，是保证项目朝着预期方向前进的重要手段，以及时发现偏差并及时采取措施，使项目进展朝着预定的目标前进。

（3）收尾步骤也不容忽视

很多项目经理都是重视项目的准备工作与执行过程，而忽视项目执行中的收尾工作，所以项目管理水平一直得不到提高。其实，对项目经理来说，处理好项目执行中的收尾工作是以后工作的重要财富。

【项目管理法】 项目经理要认真对待执行中的每一个步骤并不意味着要事必躬亲，而是在放权给项目成员后，要对项目执行的全过程要进行一个全盘的把握，对其中容易出现问题的步骤要给予多一些关注。

4.导致项目失败的7个因素

一个项目执行的失败原因有很多种，如选择了不适合或能力不强的项目成员，如上级领导的不支持，如某些重要的外界条件的影响等。总之，导致项目失败的原因成千上万，但下面的7个方面是在项目执行工作中最常见的：

（1）为了满足执行过程中阶段目标的工期而忽略工作质量

项目经理经常会将注意力集中于在预算范围内及时完成项目方面而忽略项目执行的质量，而这正是导致项目最后失败的关键因素。

（2）没有及时处理项目执行过程中出现的问题

如果项目团队中的成员不能站在对方的立场上进行合作，项目经理就必须要站出来正确处理这个问题，同时还要找出能够使他们进行合作的专业方法。如果双方不配合，项目经理则要考虑换人或重新为他们指派任务。否则，便会使项目的执行陷入困境。

（3）项目经理过多地关注对项目的行政管理，而忽视了对项目的业务管理在项目执行的过程中，项目经理对设备和资金问题的关注是最多的，但对项目团队的管理却往往容易不够重视，如项目团队该往哪个方向走，该如何去完成项目的执行任务等。

(4) 项目执行的计划修改得太过频繁

一个项目在执行的过程中，项目经理可以修改完成时间、子任务甚至整个执行的计划。但是作为一个优秀的项目经理一定要意识到，每一次修改都是有成本的。如果要求项目团队在频繁变化的状态下保持正常的工作状态，项目经理就会遭遇诸多问题，甚至错过工期。

(5) 项目经理事必躬亲，授权不充分

有些项目经理除了对于他认为比较关键的人外，宁愿为自己保留大多数任务，也不愿意授权给项目成员。这种情况会让项目成员觉得项目经理隐瞒了许多不应当隐瞒的任务和责任，到头来只能是累坏自己，而任务却不一定完成得好。

(6) 对项目的执行过程进行间歇式监控

项目执行过程的监控是一个项目中的长期任务，在项目早期一点微小的偏差就可能导致后面数倍的损失，所以，从一开始就发现问题的原因是非常重要的，当然，在中期和后期发现问题也可以避免最后一刻使项目失败。而间歇式监控则会把这些问题埋藏下来。

(7) 认为掌握新工具很容易

第一次使用一种项目管理工具是一项单独的任务，对项目经理来说，是存在一定风险的。所以，一个优秀的项目经理应该是使用自己熟悉的管理工具来管理自己的第一个项目，或是将一个熟悉的项目作为自己第一次使用新管理工具的项目。

【项目管理法】 对项目经理而言，过分注重小事并不好。最优秀的项目经理知道应当何时放权给项目成员，而自己则只要保持对项目执行总体的掌控。此外，一个有经验的项目经理应该知道，最好不要在第一次管理项目的时候使用新的或未用过的项目管理工具。

5.把握项目作业的细微环节

项目执行的流程要精确到每一个细微的环节，每一个环节都是决定项目执行成败的关键因素。忽视了任何一个环节，都很可能会“因小失大”，功亏一篑。总之，在项目执行的过程中，每一个小环节都可能影响最终的成败。

屈臣氏当初只是一家西药房，到现在发展为亚洲家喻户晓的零售品牌，与其对每一个环节的重视是分不开的。以仅几平米的收银台为例，这里除了付款的功能之外，还有服务台功能，包含开发票、商品退换、接待顾客投诉、广播中心等，为了让收银台的管理有条不紊，屈臣氏有一套完整的细化操作方案。

比如，为了解决顾客排队问题，屈臣氏规定，收银员与付款顾客数量的比例是 1 比 4。也就是说，在收银台前，如果出现超过 5 个顾客排队埋单的状况，其他员工无论在忙什么都必须第一时间赶到收银台，解决收银排队问题。所以，我们会看到，屈臣氏店铺的所有员工都能熟练地操作收银机。

要想把握项目作业中的细微环节，需要项目经理全程监管项目执行的全过程，督促每一个项目成员。并且要求项目成员树立细节决定成败的意识，使其根植到项目成员的脑海中，从而让他们在工作中真正做到把握住项目中的每一个细微环节。

【项目管理法】　项目经理要重视项目工作中的每一个工作环节，引导项目成员在工作中每一步都能到位。而且每一个细微环节都要落实到人，一个环节出现问题能直接找到责任人，并找出问题的原因。

6.项目成员须留意身边的小事

很多人会觉得不应该把时间浪费在简单而细小的工作上，而往往喜欢着眼于大目标、有价值的东西，因而忽视了一些最简单、最容易完成的事情。其实，只有把最容易、最有把握的小事做好了，才有可能完成大的目标。项目目标也不是一蹴而就的，它需要一步一步地落实，就像上楼梯一样，只有一步一个台阶，才能安全到达房屋的顶层。

事实证明，从小事做起并不是投机取巧、避重就轻的方法，在成功地完成一件小事之后，人们心里就会建立起一种信心——“一定能把目标实现”。同时，这也是一个循序渐进的过程，从小到大、由易到难地做事，心里对这个过程肯定会越来越熟悉。在困难越来越大时，人们才能够沉着应付，而不失方寸。

在一个项目执行的过程中，项目的执行人员如果一开始就先看到最终的大目标，那么将很容易遭受失败，而如果从身边的小事做起，从最简单的事情做起，每一个小目标的实现都会离大目标更近一步。这里，我们可以效仿一些大公司的项目经理的做法。

（1）将复杂的工作阶段化

即通过模块化简化执行工作的有效方法。具体来讲，就是将一个复杂的项目分成若干个阶段去执行，每一个阶段都是一个独立的模块，让项目成员负责不同的工作进程，最终达到项目的最终目标。

（2）将繁重的工作单元化处理

即将诸多工作分成若干个部分，确保每个部分都是一个简单的工作模块。这样一来，项目成员操作起来就容易了很多，也能够在执行中逐渐建立起信心，从而一鼓作气地实现总体目标。

【项目管理法】 要让项目成员从身边最简单、最平凡的小事做起并不是一件容易的事情，这时，项目经理便要适时疏导项目成员的浮躁心理，帮助他们权衡自己的能力，避免成员们贸然去挑战他们不擅长的工作。

7.执行中给予细心的指导

在项目执行的过程中，有些项目经理喜欢做甩手掌柜，把工作分配给项目成员以后，就不闻不问了，而一旦项目成员拿不出令他们满意的结果，他们便会咆哮不止。这时，我们便会听到一些项目经理这样的话：“这事我说了呀!”或者是“这事儿是他们几个在做呀!”言下之意就是项目经理的任务只是负责分工，而如何去完成工作则是项目成员的事情，跟自己无关。

这样的项目经理在项目的执行过程中仅仅充当了一个指挥者的角色，负责把工作分配下去，最后再向项目成员要结果。其实，在项目的执行过程中，向项目成员交代的工作任务，有些项目成员并不一定就认真做了，即使是认真做了，也不一定能做好、做到位。可见，项目经理在执行过程中给予项目成员指导是必要的。

在项目执行的过程中，项目经理不但要“告诉”项目成员做什么，还要“教”项目成员如何去做，这样才能提升整个项目团队的执行力。

对于某些项目成员来说，他们会觉得自己曾经做过类似的工作，认为自己肯定可以胜任。实际上，没有经过专门的指导训练，他们是不能掌握正确的工作方法的。这个时候，就需要项目经理为他们做出明确的说明和指导，保证每个项目成员都能真正掌握执行的方法。

当然，项目经理对项目成员的指导应有足够的耐心，不能只指挥性地一说而过，而应让项目成员从心里接受你的方法，以便在下次的项目中达到举一反三的效果。

【项目管理法】 授之以鱼不如授之以渔，只有让项目成员把工作中的诸多方法掌握了，才是项目得以顺利执行的根本。

8.纠正项目执行中的坏习惯

每个人都有自己的习惯，且习惯的力量是巨大的。奥格·曼狄诺曾这样说过：“习惯若不是最好的仆人，便是最坏的主人。”人应该控制住习惯，不被坏习惯支配。

在项目执行中，习惯也会在不同程度上决定着执行的进度、执行质量和执行成效。良好的工作习惯能极大地提高执行效率，而坏的工作习惯则常常拖后腿，成为项目执行工作中的障碍。因此，无论对项目经理还是项目成员来说，坏习惯都必须要改掉。

那么，哪些习惯属于项目执行工作中的坏习惯呢？坏习惯就是项目执行人所做的或未能做的、妨碍其发挥效率和创造绩效的事情。简单地说，任何妨碍项目执行工作成效的行为都应该被归到“坏习惯”的范畴中。

比如，很多项目成员有着“做事有始无终”的习惯。如果项目经理对此听之任之，那么项目的执行工作便不会有任何绩效。所以，为了确保项目执行工作能顺利开展，项目经理就要纠正项目成员的这种坏习惯，不要让他们的坏习惯影响了正常的项目执行工作。

但是，“冰冻三尺非一日之寒”，很多坏习惯很难一时改掉。这就需要项目经理在以身作则的同时，要时刻监督项目成员的坏习惯不被带到工作中来。实践证明：人们只有先有了改变坏习惯的愿望，坏习惯才能被改掉。因此，项目经理要从根本上让项目成员意识到坏习惯带给工作的危害，比如：

① 项目经理要让项目成员看到坏习惯带来的弊端，让其相信如果自己能够积极主动，就一定可以改掉坏习惯。

② 项目经理要帮助项目成员安排周详的工作计划，并监督其实施计划，让他们没有时间顾及那些不良习惯。

【项目管理法】　坏习惯是能够被及时发现和弥补的，项目经理要时刻注意帮助项目成员纠正坏习惯，扫除工作效率的障碍。否则，后患无穷。

9.琐事要集中起来处理

和其他工作一样，项目执行工作也有重要的少数与琐碎的多数之分。或许，琐碎工作对于整个项目执行的过程来说并不是十分重要的，但是听之任之的话，便有可能直接或者间接影响这个项目的重要事件的处理效率，最终影响整个项目的完成进度和质量。

在项目的执行过程中，项目经理们也常会遇到这样的困扰：因为解决过多的琐碎事务而浪费大量的时间，解决不得不处理的琐碎事务常会导致重要工作未能按时完成等问题。于是，结果同样会影响到项目的完成进度和质量。那么，对于琐碎的多数事务，优秀的项目经理是如何处理的呢？

（1）合理安排时间，批量处理

在执行项目时，对于琐碎的事务，项目经理要让项目成员集中起来批量处理，如尽可能集中处理性质相同的事务，一次性打完所有的电话，一次购齐所需的办公用品等。这样不仅有利于提高工作的熟练程度，而且还可以减少工作准备和中间环节占用的时间。

（2）对琐碎事务进行分类处理

琐碎事务集中处理说起来容易，执行起来却可能处处碰壁。这时，项目经理便要引导项目成员在心理上接受琐碎的事务，然后再对琐碎事务进行分类，乱的梳理清楚了，才能更容易处理。

（3）指导项目成员提高处理琐事的能力

只有工作能力提高了，才能够压缩处理“琐事”所需的时间，为重要的工作腾出时间。

【项目管理法】 如果一件工作不是很紧急，项目的执行人员就不要放下手头的重要工作。等重要的工作完成以后，再将琐碎的事情集中起来处理，这样工作效率才能更高。

10.指出错误，并说出原因

在项目执行过程中，项目经理不可能对每个项目成员做的每件事都能指导到位，有的项目经理只关注项目执行的进度，只要项目成员按时完成工作即可，并不关心他们是用什么方法做到的。于是，有些项目成员便会用自己习惯性的工作方法或操作流程去执行当前项目，但是这些方法或流程并不都是正确有效的，或是对前一个项目有效对这一项目无效，结果，项目在执行过程中便出现了这样那样的问题，既阻碍了项目执行的进程，又使项目执行的结果不到位。

其实，如果项目经理在工作中有足够的细心和责任心，又愿意了解项目成员的工作过程的话，便会很容易发现项目成员在项目执行工作中的不当之处。

① 如果项目成员不知道自己做错了，项目经理在工作中就应该仔细些，要善于发现项目成员在执行中的不妥之处，并说服项目成员改正。

② 如果项目成员知道了错误，却不知道问题的原因出在哪里，项目经理便要有足够的耐心，明确指出项目成员错误的原因。这是项目经理在指导项目执行的工作中应该重视的问题，而且很多成功的企业领导者也都是这样做的。

【项目管理法】　一个优秀的项目经理不仅要帮助项目成

员指出工作中的错误，还要让他们知道错误的原因在哪里，这样，他们才能够心甘情愿地做出改变。否则，即使项目成员这次做出了改变下次碰到同样的问题还是不知道错在哪里。

11.既要算大账，也要算细账

财务，是一个企业健康成长的重要因素。如果把企业比作一个人的话，财务管理就是人体的血管，它引导着企业的血液。财务问题无小事．对一个项目经理来说，不要因为财务问题琐碎就不想管，懒得管。要想让一个项目顺利开展，项目经理不但要算大账，更要算细账。

为了项目的管理和评估之便，项目经理要学会用数字统计所有能统计的事。为了充分掌握这些数字管理，保证项目健康有序地执行，就需要建立账目制度。应该从哪些账目着手呢？

一般来说，项目经理要熟悉下面这些项目执行中必需的账目，如：①预算表；②成本和价格分析表；③现金流转表；④决策表；⑤销售额表；⑥盈亏统计表；⑦汇票。

精明的项目经理会不断审查这些账目，有计划有标准地做好管理，并把数字以直观的形式展现出来 (如用表格、图文)，帮助项目成员了解账目，以期达到激励的目的。

此外，项目经理还要注意完善四类报表，以实现项目执行的最优化。

（1）费用成本报表

包括商品产品成本表和主要产品单位成本表、销售费用明细表、管理费用明细表、财务费用明细表。这类报表反映项目执行过程中的各种费用和成本。

（2）业务收支报表

主要包括主营业务收支明细表和营业外收支明细表，这类报表反映项目的经营业务收支和营业外收支情况。

（3）经营状况报表

这类报表包括资产负债表、现金流量表、财务状况变动表、存货明细表和固定资产明细表等。这类报表主要反映公司的财产、资金状况。

（4）经营成果报表

包括利润分配表、损益表、商品销售利润明细表。这类报表是反映项目经营成果及其分配情况的会计报表。

【项目管理法】　在财务管理中，项目经理要把握一个基本原则，那就是会读财务报表，及时掌握项目财务状况，并善于从中发现问题。

项目有了，看你怎么去执行

第十二章

沟通比方案更重要：别让好项目败在不会说话上

如果一个项目团队能够沟通顺畅，上下合力，所爆发出来的力量将是无法想象的。反之，如果项目经理与成员之间沟通不畅，就可能导致方案设计与执行结果南辕北辙。所以说，沟通，是项目成功的关键。

1.制订项目沟通计划

项目经理应该意识到，很多项目的进度延期、返工维护等，都是由于项目团队内部任务对接不到位造成的。每个项目的执行都是在项目团队成员的配合下完成的，如果沟通有障碍，项目工作很可能需要多次返工，在严重的情况下还会直接宣告项目失败。因此，项目沟通很重要。

为了确保项目沟通工作的顺利进行，项目经理有必要提前制订沟通计划，不过在此之前，项目经理首先应该明确以下几个问题：与谁沟通？为什么要沟通？他们需要通过沟通获取怎样的信息？频度如何？沟通的目的是什么？用什么方式进行沟通？

明确了以上问题，才可以着手确定最终的沟通计划。作为项目经理，要想制订出有效的项目沟通计划，还必须掌握一些沟通技巧。

（1）召开项目追踪及控制会议

就项目存在的问题进行沟通，为提出、讨论和解决问题提供可靠的时间和地点，在所有重要操作者的参与下，使项目恢复正常运作状态。

（2）填写项目日志

项目日志对编制未来项目计划很有帮助，它能使项目经理对典型工期和重复出现的问题温故而知新。简单来说，项目日志记录了人脑记忆无法永久记住的一些经验。

(3) 进行书面或口头的项目汇报

项目经理可以定期听取项目成员对项目进展和所出现问题的汇报，并寻求解决的办法。

【项目管理法】 项目的沟通计划不是一成不变的，它应随着项目的进展而更新和细化，以保证计划的可行性。

2.明确地传达你的指令

在项目工作的推进过程中，项目经理不可避免地要给项目成员传达一些工作指令。由于时间不够或者项目经理说话习惯的关系，传达的指令很可能不够明确、完整，这时，便会让项目成员误解项目经理的真实意图。于是，项目成员在执行过程中就会偏离目标，延误工作，甚至会导致项目的失败。

比如，有些项目经理在传达指令时喜欢用一些模糊的话语，用“尽快”“过几天”等，指令模糊不清，就会缺少执行的标准，任务便会无法达到预期。总之，项目经理在传达指令时切忌使用模棱两可的词语，以免项目成员无法领会指令的意图。

(1) 理顺思绪，自身先明确要传达的内容

项目经理在传达指令之前，首先要整理好自己的思绪。如果项目经理连自己都没有弄清楚命令的要点是什么，自然无法向项目成员讲清楚。

（2）言简意赅，把指令交代清楚即可

传达指令不同于演讲，不需要渲染气氛，在传达指令的过程中，项目经理要精确掌控话语量，不宜滔滔不绝，也不宜惜字如金，只要能够将指令交代清楚即可。

（3）明确指令，加强说服力

在措辞的选择上，项目经理要尽量使用短句子来替代长句子，这样不仅说起来轻松，也可以让项目成员听起来更省力，且说服力也更强。当然，在传达指令的过程中，项目经理要确保自己的话语没有歧义。

【项目管理法】　明确地传达工作指令，确保项目成员能够一次性理解工作任务，才能令其快速地开展项目工作，自然也能减少许多重复性的工作。

3.与项目成员共享信息

信息共享是实现高效工作的基础，对协调各项工作起着十分重要的作用。在信息的不断传递中，纵向的信息传递可以协调不同层次的工作行为，而横向的信息传递则可以协调项目成员之间的工作行为。为此，项目经理需要建立一个畅通的沟通渠道，实现项目团队内部的信息共享。

据管理学专家研究发现，项目团队内部的沟通渠道有四种，即轮型、链型、Y 型和全通道型。

（1）轮型沟通渠道

这是一种项目经理与每一个项目成员发生联系，成为个别信息的汇集点和传递中心的沟通模式。这种模式类似于一个主管领导直接管理若干部门的权威控制系统。这种沟通渠道是加强控制、争取时间、提高速度的沟通模式。

（2）链型沟通渠道

它相当于一个纵向沟通渠道。在链型沟通渠道中，信息按高低层次逐级传递，可以自下而上，也可以自上而下。

（3）Y 型沟通渠道

这是一个项目团队内部的纵向沟通渠道。其中，只有一个项目成员位于沟通活动的中心，成为信息沟通的中间媒介和中间环节。

（4）全通道型沟通渠道

这种模式是一个开放的信息沟通系统。其中的每一个项目成员之间都有一定的联系，彼此十分了解。这是一种民主气氛浓厚、合作精神很强的沟通渠道。

上面介绍的是沟通中比较正式的几种渠道，其实，项目团队中还存在非正式的沟通渠道，例如人际沟通渠道，如谈话、书信、传话、E-mail、通讯软件。其中，博客、微博、微信等沟通形式正被广泛应用于各类沟通交流中。

【项目管理法】 如今，项目团队日益全球化，成员队伍也日益多样化，实施开放的沟通已成为必然要求。在项目的执行过程中，强化沟通并共享信息，不但能减少无用功的浪费，还能增强团队的凝聚力。

4.让大家敢说真话

与项目成员实现良性沟通，才会获得有价值的信息，从而提升项目执行的效率。对项目经理来说，必须确保下属说真话，这是科学决策的前提。有的项目成员对很多东西避而不谈，甚至粉饰太平，务必引以为戒。

（1）要保证说真话的项目成员绝对不会受到任何伤害

每个人都喜欢听表扬奉承的话，哪怕即使知道这话的水分很大。一些项目经理，对说真话的成员总是排挤打压，使得项目成员不敢开口。在微软，那些批评比尔·盖茨的人不仅没有受到处分，还得到重用，微软的员工敢说真话并不是因为他们比别人勇敢，而是因为他们知道自己不会因为说真话而受到任何伤害。

（2）抱有宽容的态度

项目经理要容忍不同的声音，倾听不同的意见和想法。如果一个项目经理能够做到这一点，项目成员便会敢于提出自己的观点，敢于说真话。

（3）营造说真话的氛围

项目经理要想听到项目成员说真话，就要营造一种说真话的氛围。如果项目经理喜欢自以为是，听不进不同的声音，必然会导致项目执行中决策的失误。

【项目管理法】 在项目执行的沟通过程中，让项目成员说真话是每一个项目经理的意愿。如果项目成员习惯于不说真话，项目经理就会失去很多有价值的信息。

5.积极地给成员反馈信息

在任何管理活动中，反馈都是极其重要的。这不仅会对行为表现起到调节改善的作用，也是与他人进行情感互动的一个环节。而很多项目经理在沟通中却容易犯这样一个错误：倾听别人的意见和想法之后，却不及时地给出反馈，这样就很容易让项目成员错误地理解项目经理的意图。

其实，信息的反馈方式有很多种，如建设性反馈，反馈能让项目成员知道他们的工作行为与表现的效果如何，建设性反馈还能在任何行为或表现带来严重后果之前纠正它们。

（1）反馈要及时

在事情发生之后，项目经理应该尽可能迅速地向项目成员提供反馈，最好是在几天之内有所反应。这样的反馈才具有说服力，这样的项目经理才会赢得团队成员的尊敬与信赖。

（2）反馈要确切

项目经理应该避免笼统的说法，如果希望某些好的行为持续地发生，项目经理就应该在给出反馈的时候表达得更确切一些。说得越具体，某种行为或行动越有可能重复地发生。

（3）描述影响力

绝大多数团队成员都希望知道自己的工作与这个项目或更广阔的蓝图之间有何关联，比如是否契合项目执行的目标。把对于影响力的描述与积极的反馈结合起来，会使反馈更有意义。

（4）保持信息的一致性

项目经理在向项目成员反馈信息时，语言性的、视觉性的以及语音性的信息必须保持一致。如果一个项目经理给某个项目成员提供积极的反馈，但他的语调听起来却是批评的，那么所反馈的信息就是彼此矛盾的，会令项目成员感到困惑，不知道应该如何理解这一信息。

（5）避免为不提供反馈找借口

积极的反馈能在项目经理与团队成员之间建立起互相信赖及具有建设性的工作关系。同时，这也是最好的激励手段之一。

（6）在私下里（也可能是公开场合）进行反馈

项目经理可以根据项目成员的需求以及其他的环境因素，决定是否要在公开场合反馈还是在私下里反馈。

当然，向项目成员反馈信息时应适度，不应过头，否则反馈的重要性和影响力都会降低。

【项目管理法】 项目经理不能只坐在宽敞明亮、舒适的办公室里面听汇报，而是要走动起来，主动与项目成员沟通和反馈。只有当项目经理了解了项目成员的想法，才能对项目目标做出正确的判断。

6.让沉默的成员也说说话

很多项目经理在与项目成员的沟通中容易犯一个毛病：喜欢强调自己的主观意见，忽视其他成员的心声。久而久之，有不同意见的成员便越来越少，整个团队只剩下一种声音，从而达成了表面一致的假象。这种现象被称为“沉默的螺旋”理论。

项目成员的沉默对项目执行的弊端是显而易见的。在竞争激烈的今天，项目成员的沉默必然成为影响项目团队绩效的绊脚石。项目经理更需要注意的是：由于项目成员对项目团队的很多问题保留了个体真实的想法，他们会感觉到没有被重视，于是会降低工作动机和工作满意度，并产生与压力相关的疾病，以及各种形式的工作倦怠等。而如果项目经理无视沉默员工的真正想法，就很容易导致错误的决策。其实，让沉默的项目成员也说说话有很多种方法。

（1）平时多练习一些项目成员感兴趣的话题

项目经理在平时要留意观察项目成员感兴趣的话题，在自己开口时，便自觉地讲一些能引起其兴趣的事情，同时避免引起不良效果的话题。

（2）让自己变得很幽默

作为一名优秀的项目经理，不要因为职位问题而整天严肃地面对自己的成员，每个人都喜欢和幽默的人在一起。但是，语言的滑稽风趣，一定要根据具体情况、具体对象、具体语境来加以运用，而不能使说出的话不合时宜。

(3) 在工作中适时对项目成员进行表扬

每个人都喜欢被表扬，被表扬意味着得到了对方注视，在项目执行的过程中，当项目成员有卓越表现时对其进行表扬，不但能起到鼓励的作用，还有可能使其打开话匣子。而常被批评的人则会三缄其口，避免言多必失。

【项目管理法】 作为项目团队的管理者，项目经理要想方设法广开言路，多听听沉默成员的建议，从而为项目团队管理提供更全面的信息和帮助。

7.与项目成员平等交流

有这样一些项目经理，他们常会摆出高姿态来显示自己的权威，平时对待项目成员的态度也很冷淡，挑剔他们的工作成果，对他们取得的进步也不屑一顾。面对这样的项目经理，项目成员只能是唯唯诺诺，甚至会萌生逃离的想法。因此，要想与项目成员平等交流，可以从以下几方面去做：

(1) 尊重项目成员

项目经理和项目成员之间需要互相尊重，而不是存在高低贵贱之分。当项目成员感受到来自项目经理的关心和尊重之后，他们会发自内心地高兴，然后为工作付出百倍的努力。而且，当项目成员与项目经理有意见分歧之后，项目成员会愿意站在项目经理的角度，多替领导者着想。

（2）站在项目成员的角度思考问题

深入了解项目成员的难处，学会为对方考虑。只有爱自己的团队成员，为其着想，项目经理才能受到成员的爱戴。而整天在沟通时板着个脸只能让项目成员对其关上心门。

（3）用微笑打动项目成员

要想从项目成员那里听到更多的真话，项目经理需要采用亲和战术，用微笑打动他们。与亲和型项目经理沟通，项目成员才会感受到一种温暖，继而才会和项目经理畅所欲言。

（4）放低姿态，平等地与项目成员进行交流

在平等的环境下，沟通才会更顺畅，也才更能出成果。

【项目管理法】　华为公司掌门人任正非说：“人与人之间的沟通，最重要的便是相互尊重。尤其是企业的领导者，只有尊重自己的员工，员工才会从心底服从你！反之，他们只会离你越来越远。”

8.对项目进行预防性沟通

在项目执行过程中进行定期沟通是必需和必要的，除此之外，项目经理还要对项目进行预防性沟通。预防性沟通是处理项目执行中出现问题的关键，预防性工作的基础是由两个要点

共同组成的：

第一，及时发现项目中存在的潜在问题。每个项目都会存在威胁其成功的潜在问题，如果项目经理能够在潜在问题出现之前发现它，便会把可能出现的威胁减至最小。发现潜在问题有很多方法，比如：

① 到活动现场去。项目经理不要一味地坐在办公室里，而应去项目现场拜访那些负责项目执行的项目成员，询问项目的进展，询问项目成员是否遇到了困难，并积极地给予帮助。

② 倾听项目成员的心声。鼓励项目成员提出自己的顾虑，并观察他们的反应。

③ 加强团队成员的责任感。发现项目中的潜在问题时，要向项目成员询问他们如何去预测问题，并向他们探求解决问题的方法。

④ 与相关人员座谈。项目经理可以适时举办一些小型的座谈会，以取得关于行动方式及责任的一致性。

此外，项目经理要想发现项目中存在的潜在问题，还要“好管闲事”，就是多向项目成员询问，而且要鼓励项目成员也这样做，以便能从根源部位解决问题。

第二，鼓励所有的项目成员实现目标。

①肯定工作的重要性。项目经理要经常向项目成员提醒项目执行的目标，并指明项目成员的那部分工作属于项目的重要部分，当出现非建设性冲突时，更要提醒项目成员他们有共同的项目目标。

②确定项目的优先级别。将优先级别高的项目与直接但优先级别并不很高的要求区分开来，分先后去实现目标。

【项目管理法】　对项目做好预防性沟通是减少项目风险、防止出现项目重大问题的措施，项目经理只有有了先见之明，才可运筹帷幄。

9.与管理层进行有效对话

项目经理在项目执行的过程中，不但要与项目团队的成员保持有效的沟通，还要经常与企业中的管理层进行有效的沟通。项目经理与企业管理层沟通的好坏影响着项目执行的进程，与管理层沟通时，项目经理可以采用如下方式：

（1）向管理层做正式报告

正式报告一般要包含的内容有：标题、目的、范围、负责人和日期；与实际情况相对照的预算；关键的正面临的问题；主要的成果；即将迎来的里程碑等。

从经验上看，不管项目的规模有多大，为每一个独立项目准备一份标准的一页纸的报告都不失为一个好方法，即使不是准备向管理层做报告用，也是一份有价值的参考。

（2）非正式状态下的汇报

项目经理可以每周或每两周就项目的进展问题与管理层进行一次非正式的沟通。既然为非正式，就证明这种汇报可以不在正式的会议上，可以在一对一的非正式的情况下进行，这种非正式的会议可以从预算和进度的角度对项目的状况进行沟通，提醒管理层在未来的某一时间，有一些特别的问题需要解决，同时指出这些问题会对项目进度有何种影响。

非正式的沟通能够使管理层在一种轻松的环境中了解项目。

【项目管理法】 项目经理与管理层进行有效对话是其重要职责，它可以保证项目顺利进行，同时也是管理层了解项目进展情况的主要途径。

10.鼓励每个成员把不满说出来

无论项目经理怎样做，无论项目团队有着怎样良好的氛围和环境，都不可能完全消除项目成员在工作中的不满情绪。项目成员有了不满情绪，项目经理便要认真对待。

如果项目经理通过惩罚手段来企图达到消除项目成员不满的目的，只会激化矛盾，最终两败俱伤。所以，在项目执行的过程中，对于项目成员的不满，项目经理不能压制，而是要通过一定的方式让他们宣泄出来。

（1）经常找项目成员聊天，倾听他们的不满

在倾听的过程中，项目经理要态度认真，尽量不打断项目成员的诉说，这样，项目成员的愤怒和不满便会大大地减轻，并会深受鼓舞，重新投入到工作中去。

（2）重视项目成员的不满，并从中找出积极的成分

其实，不同的意见与冲突，有时会激发项目成员的活力与

创造力。如果项目经理善加利用，项目成员的不满也许会变成一座金山。

（3）端正自己的态度，对不满的地方做出改善

项目成员的不满是对现状中存在的不合理与不足进行改变和完善的催化剂。在项目成员表达自己的不满时，项目成员一定要端正自己的态度，找出项目成员不满的原因，并积极做出改善。

此外，项目经理要意识到项目成员的不满是正常的，只要妥善地加以处理，就会对项目团队有利。

【项目管理法】　项目经理要经常观察项目成员们的情绪，发现他们有不满情绪的时候，要适时采取措施，让项目经理了解他们的真实心理，以便进行正确的引导和教育。

11.适度的人情是沟通的“润滑剂”

一位优秀的项目经理，在工作当中，对项目成员只有表现出绝对的诚意和真心，才可以感动对方。这样，才会在项目执行的工作中减少一些摩擦，使工作顺利地进行。

（1）适度奖励，让项目成员意识到他的重要性

项目经理要在必要的时候，表现出对项目成员的器重和赞赏，并且适度地进行奖赏。要让项目成员意识到，他的存在是有价值的。

(2) 要带着绝对的诚意去和项目成员沟通

尤其是在对项目成员委以重任的时候，一定要表现出诚意，要让他明白，老板非常器重他，这个工作除了他，没人可以胜任。这样，项目成员便会赴汤蹈火，全力以赴，去尽全力把工作做好。

(3) 在生活上关心员工

项目经理不能只关心项目的执行工作，也要关心项目成员本人，这样，项目成员便不会把工作仅当成获取报酬的手段，而且当成自己和企业共同的事业来看。

【项目管理法】 适度的人情，可以激发项目成员的动力，这并不需要多少金钱与时间，只是需要项目经理的一点诚意与关心而已。

12.否定项目成员建议的方法

在项目执行的过程中，项目经理经常会听到项目成员的建议。当项目成员提出各种各样的建议，而项目经理又想否定他们的建议时，是直接拒绝，还是让项目成员说出自己的想法呢？当然，直接拒绝别人的建议肯定是不恰当的做法，即使对方是错误的。因为项目成员向项目经理提出想法也是需要一定勇气的，如果被一口否决，很容易挫伤他们的积极性，也许下次就不会有人向你说明问题了。这时，项目经理便需要掌握一定的沟通技巧。

（1）换位思考，给予肯定

没有人愿意被否定，项目经理如此，项目成员也是一样。即使项目成员的建议是错误的，项目经理也应该换位思考，用同理心去理解他们的想法，给他们鼓励和肯定。

（2）避重就轻，保护项目成员的积极性

项目经理要有所启发，当项目成员提出的建议不正确时，项目经理要采用委婉的手段，巧妙地进行处理。这不仅能保护项目成员的自尊心和积极性，也表现出项目经理对他们的尊重。

（3）专心倾听，给对方以尊重

项目经理在倾听项目成员的意见或建议时，如果对方的意见中有明显的缺陷，也不要打断，而要等对方把话说完。待对方阐述完毕后，项目经理首先要肯定建议中的合理部分，然后再让项目成员自己找出建议中的问题，这样效果会更佳。

【项目管理法】　无论项目成员所提出的建议是否值得采纳，项目经理都应对他的这种积极的行为表示鼓励和感谢，以促使其再接再厉。

13.有些矛盾“冷”处理更好

沟通不善、任务不明确、分配不均等都会使项目经理和项目成员或是不同项目成员之间在项目的执行过程中产生矛盾。出现矛盾是一种不好的现象，如果得不到妥善处理，一个小小的矛盾便会给项目的执行造成巨大的危害。但是，从另一方面讲，矛盾也正是一个企业或部门的某些不足的反映。所以说，妥善处理项目执行工作中的矛盾是每一位项目经理的责任。

处理矛盾的最好方法是“冷”处理。“冷”可以从以下两点去解释。

(1) 安抚项目成员的情绪，取得他们的信任

当矛盾冲突尖锐的时候，项目经理要站在对方的角度去对其进行情绪上的安抚，与项目成员达成共识，然后再开始就事论事。其实，很多矛盾的起因都是一件小事，项目成员之所以做出强烈的反应，完全是一时气盛。如果项目经理能够帮助项目成员平静心态，矛盾就很可能迎刃而解。

(2) 理智地对待，防止矛盾恶化

人们很容易受到其他人激烈情绪的影响而失去理智。项目经理在处理矛盾冲突时，务必要先让自身冷静下来，倘若项目经理不能克制自己的情绪，被项目成员的愤怒或悲伤感染，他不仅会失去处理矛盾的能力，甚至会使矛盾恶化。所以，在处理矛盾时，管理者自身头脑的“冷”至关重要。

【项目管理法】　让矛盾冷却比匆忙寻找矛盾产生的原因更有效。一个优秀的项目经理要学会“冷处理”，遇到矛盾要冷静地调整，处逆境而不乱，受打击而不惊，这样，自然能化险为夷，转忧为喜。

项目有了，
看你怎么去执行

第十三章

别让拖延毁了项目：

干掉影响执行的消极因素

今天，拖延症已经成为职场人士的一种恶习。许多项目无法按期完成，与各阶段执行者做事拖延有很大关系。也许当事人没有主观上的拖延，但是工作方法不对、执行理念滞后、责任心不到位等都会导致项目难产，甚至胎死腹中。

1.快速行动才能让项目执行到位

在瞬息万变的今天，快速行动就是机会！快速行动就是效率！一件事让一个人去做要花七天时间，而换另一个人去做只花一天时间，他们之间的差别是什么？这就是我们常讲的效率，其实就是速度的问题。要想把一个项目执行到位，快速行动才是最重要的。

在项目的执行过程中，一旦确定了策略，就应马不停蹄地带领项目成员去执行，并充分预测意外情况，只有这样才能始终走在竞争者前面。快速行动的项目成员才能赢得机会，才能赢得财富、赢得成功。当初，贝尔在发明电话机的时候，一位叫格雷的人也在进行这项研究，且他们二人差不多同时取得了研究结果，但只因为贝尔比格雷早到达专利局两小时，贝尔便因发明了电话机而一举成名，格雷却很少有人提起。

在“快鱼吃慢鱼”的时代，对项目的执行速度提出了更高的要求，没有速度要求的执行不可能在如此激烈的市场竞争中为项目带来竞争优势。“一步落后，步步落后；一招领先，招招领先。”这是台湾首富郭台铭经常说的一句话。

要想让自己的项目团队快速地行动起来，项目经理需要掌握一定的技巧，如树立时间观念，制定严格的团队管理制度，且要奖罚明确，这样才能调动起项目成员快速行动的积极性。

总之，速度是执行到位的根本，我们正处于速度制胜的时代，谁行动快速，谁就能获得竞争优势。

【项目管理法】 要想在竞争激烈的社会环境中获胜，项目经理和项目成员都必须注重时效，树立正确的效率观，应做到积极主动，当日事当日毕，提高效率，高效执行，不要拖泥带水，贻误商机。

2.改掉项目成员拖延的习惯

当今社会讲究效率，很多机会都是稍纵即逝的。如果我们养成拖延的习惯，就只能眼睁睁地看着机会被别人抢走。项目经理要想打造一支高效率的项目执行团队，就必须改掉项目成员拖延的习惯，唤醒他们快速行动的意识。

那么，怎样才能让项目成员改掉拖延的坏习惯呢?

（1）要为项目成员做好心理疏导

作为项目经理，要帮助项目成员树立积极向上的心态和效率第一的意识，只有从心理上明确了拖延的弊端，才能对拖延的习惯做出改变。

（2）项目经理要为成员设置明确的工作期限

明确的项目期限能够让项目成员承担起责任，从而增强他们的责任意识和时间观念。

（3）做好项目考核

项目经理要随时对项目成员进行考核，并且将考核结果同项目成员的工资挂钩，这样有助于提升项目成员的工作积极性和主动性，拖延的习惯自然会改掉。

（4）帮助项目成员做好工作轻重缓急的区分

面对繁杂的工作任务，项目经理要帮助项目成员分清主次，按照重要事项、非重要事项、紧急事项、非紧急事项的逻辑，将手中的工作进行分类并依次完成，避免因主次不清导致重要事项延误。

（5）对项目成员要时时监督

协助项目成员针对每天的工作、工作要达到的目标等制定出一套详细的考核标准，并按照此标准对项目成员进行评价和监督，让项目成员在监督中将每天的工作做好。

【项目管理法】 发现某种机遇或问题，要快速做出行动；得知与项目发展有关的事件或政策后，要及时做出反应；当意识到团队内存在某种会给生产和开发造成阻碍的问题后，要迅速采取措施及时纠正。这是项目经理必备的素质。

3.养成“今日事今日毕”的习惯

拖延，表面看起来似乎能减轻人们的工作压力，但实际上却并非如此。过度的拖延不仅会严重影响工作效率，有时甚至会给企业运营和发展造成毁灭性的影响。在项目的执行过程中也不例外，拖延带来的往往是项目的最终失败。所以，对待工作中的拖延现象，项目经理宁可让“人等事”，也绝对不要让“事等人”，作为项目的领导者，要想给项目员工做出好的表率，就要做到“事不过夜”，今日事今日毕。

“今日事今日毕”看起来很容易做到，但要想在整个项目团队中形成风气，或是一直坚持下去却是一件很难的事。

(1) 项目经理必须具有超人的毅力和韧劲

项目经理只有以身作则，坚持今日事今日毕，才能为项目成员树立起正面榜样，从而上行下效，让全团队成员都养成不拖延的工作习惯。如果项目经理自身都难以坚持到底，又有什么资格让项目成员养成这种工作的好习惯呢？

(2) 把“今日事今日毕”纳入制度

要求全体项目成员必须严格按照制度去做：每天的工作当天必须完成，而且每天的工作质量都要有一点儿提高。借助该制度，实现全方位控制清理每个人每天的每件事，从而提高生产效率。

(3) 出现问题要立即解决

无论执行工作中出现何种问题，项目经理都必须当天召集相关部门人员开会，立即解决。如果抓住时效尽快处理，事情实际上就已经成功了一半。反之，如果久拖不决，事情成功的可能性就会在流逝的时光中逐渐减少，直到最终失败。

【项目管理法】　项目经理可以通过颁布制度、正式培训以及开会强调的方式，在公司中逐渐形成一种氛围、一种习惯——所有问题必须当天解决，除非情况特殊，否则不拖到第二天。

4.消灭项目团队里的扯皮现象

在项目的执行过程中，常会出现这样一种现象：项目成员之间相互推脱，谁都不愿意接手那些琐事杂事，把责任当作皮球一样踢来踢去，这就是“相互扯皮”的不良现象。在项目团队中相互推诿扯皮，不仅浪费了时间，也会让团队在机遇到来时与之擦身而过。面对这种情况，项目经理可以采取以下措施。

（1）把具体工作分派到人，明确每个项目成员的职责

把工作明确分配到每个项目成员的头上，出了问题才能在短时间内找出负责人并把问题解决掉。

（2）建立清晰的赏罚制度，并严格执行

赏罚制度，能够保证项目执行的各项工作都按轨道操作，项目成员取得了成绩，为项目团队做出了贡献，就要给予奖励，并作为榜样来激励其他项目成员。如果不认真工作，或者出了问题逃避责任，就应该承担相应的责罚。各项制度执行有力，才能使人信服。

（3）建设积极向上的企业文化

作为一个企业的软实力，企业文化在其发展壮大中起着不可忽视的作用，在项目执行工作中企业文化同样作用巨大。积极向上的企业文化更能激发项目成员的工作热情。认真负责，敢于担当，都应该算作其中重要的组成部分。

【项目管理法】　项目执行工作中出现扯皮现象的根源就是项目成员工作职责不清造成的。如果每个成员都有明确的工作范围，此范围内出现的问题便无论如何也推不到他人身上了。

5.压一压懈怠、推诿的不良风气

当工作中出现问题时，常常会听到下面这些话："等一等，不着急，看看情况再说吧。""不管它，这些事情又不是我们一个部门的责任。""这件事不归我管，你去找老板吧。"于是，出现的问题迟迟得不到解决。这种现象叫做懈怠或推诿。如果这种现象反复出现而始终得不到解决的话，就会变成正常现象，在这种现象盛行的企业，高效、主动、迅速行动倒成了一种不正常的行为，甚至受到嘲笑和抵制。久而久之，企业便会被这种现象拖垮。因此，压制项目成员的懈怠、推诿的不良风气成了每一个项目经理工作中的重要工作。

（1）激发项目成员的工作热情

只有充满热忱、血气如潮、富有思想的项目成员，才能在工作中找准自己的位置，把项目团队的事业看成是自己的事业。

（2）制定严格的奖惩制度，提高项目成员的工作积极性

项目成员在项目执行过程中出现懈怠、推诿的现象多是因为工作积极性不高，没有相应的激励机制或是有激励机制而没有被执行。

（3）建立有效的监督管理体制

制度是条文性的东西，有了制度没人监管，那制度的执行力就会大打折扣。在项目的执行过程中，项目团队内要实行责任公开，完善内外监督。让每位项目成员的一言一行都置于全方位、多角度的监督网中，从而使项目成员在工作中不敢出现丝毫的松懈。

（4）营造积极向上的团队氛围

使项目团队中的成员互相协作、互相帮助、互相学习，让项目成员对团队产生归属感，这样，项目成员的工作自觉性就会增强，工作责任心自然也就会提高。

（5）加强学习教育，培养责任意识

加强对项目成员的责任意识教育，使其充分认识到责任的内涵和责任心的重大意义，用正反两方面事例教导项目成员，不断促使他们增强责任意识的紧迫感和自觉性。

【项目管理法】 项目经理要定期组织项目成员学习各项岗位职责，通过反复学习、经常提醒，督促项目成员牢记自身的岗位职责，并一切以大局为重，只要是关系到项目成败的事务，就绝不懈怠，绝不推诿，使标准的行为达到习惯自觉的程度。

6.让项目成员始终有一种“危机感”

人们在危险时刻的表现通常有两种：一是会不遗余力地奋

勇求生，二是会爆发出超常的团队力量。不管哪种，都证明有危机感是一种好的现象。危机感应时时有刻刻有，它不只是项目经理的事情，更应该是项目团队中每个成员的事情。

每一个项目成员都感到压力，有危机感，这样才能使其持续保持昂扬的竞技状态和进取精神，最大限度地调动他们的积极性、主动性和创新精神，推动项目团队的目标不断迈向新的高峰。让项目成员始终保持"危机感"需要一定的方法。

(1) 向项目成员灌输危机意识

无论是项目团队还是项目成员，危机意识都是必不可少的，要使项目成员时刻看到自己的不足，这种意识要从项目团队的最上层灌输到最底层，形成共识，形成合力。

(2) 让项目成员看到危机的来源

危机感来自哪里？来自与其他项目团队成员的比较，来自与企业外部同行的比较，来自精益求精的自我要求，来自于所有可能影响项目团队生存和发展的方方面面。

(3) 给项目成员找一个追求的目标

比如说，让项目成员以团队内最优秀的那个人为标杆，让他们知道自己存在的差距，这一目标会让团队成员明白自己还有哪些事要做，让其倍添压力感。

(4) 给每项工作设定一个最后期限

一定要严格按照最后期限完成工作，否则，便要受到相应的惩罚。

【项目管理法】　让项目成员保持危机感的最好办法就是要使项目成员在自己心底树立自发的危机意识和时间观念。

7.消除项目团队中的内耗

一个项目团队决策上的失误、反馈信息的失灵、内部管理机制混乱等现象是团队“内耗”的突出表现，也是导致项目团队产生危机的重要原因之一。项目团队中的内耗主要来自于以下几个方面：

① 项目成员缺乏凝聚力，主人翁意识不浓，劳动积极性不高。

② 项目团队内部分配不公，项目成员内在动力激发不足，优化劳动组织难，导致项目执行不畅。

③ 项目经理用人不当、管理不严，造成人才不能充分发挥作用。

④ 项目团队内部不团结，相互扯皮，闹矛盾。

以上种种现象的出现，往往使项目团队内耗大，内部管理出现危机，最后把团队推向深渊。因而，项目经理要想方设法减少内耗，而要做到这一点并不容易。

（1）满足正当利益的诉求

一般来说，项目成员主要有两大诉求，一是有一个安全的工作环境，二是干了工作能得到肯定。项目经理要在团队内部建立公平合理的竞争机制、考核标准和奖励制度，并严格执行。保证使干好工作的项目成员有名有利，干不好工作的无名无利。

（2）倡导意见的充分表达

让项目成员有机会充分表达和解释自己的意见和观点，项目经理则要仔细聆听，并展开讨论，糅合大家的观点，综合各方的意见，提出各种解决方案。

（3）鼓励情感的正常宣泄

情感宣泄的有效途径是人与人之间的沟通，而私下里谈心谈话便成为项目经理与项目成员沟通的有效方式。

【项目管理法】　内耗是决定项目团队存亡的关键，远比外部竞争对团队的冲击要大得多。若不能提早预防，及时控制，发展下去就会使项目团队不战自败，无以立足。

8.项目执行中明确责、权、利

在项目执行的过程中，无论是项目经理还是项目成员，既不能有职无权，也不能有责无权，更不能有权无责，必须责、权、利相结合。而一旦责、权、利不明确，项目成员之间相互推诿和扯皮也便会成为普遍现象。

这时，便需要项目经理界定清楚项目成员之间的责、权、利关系，并使之标准化和制度化，一旦发现问题，项目经理可以及时准确地找到负责这一工作的项目成员，从而形成秩序。优秀的工作作风和纪律一旦形成，就能将项目执行过程中的要求融化在全体项目成员的思想和行动之中。

（1）以身作则，首先明确项目经理的责、权、利

作为项目的管理者，项目经理的责任要进行明确界定，并对避重就轻、逃避责任的行为要明确惩处规定，让所有的项目成员对项目经理的权力进行有效约束，切实建立完善的权力监督机制，而且必须付诸实践，加大执行力度，让项目经理的权力处于有效的监督之下，防止“一言堂”所导致的权力滥用。

（2）制定相关的制度，且奖惩要合理

每个人只要做好分内的事情，整体就会顺理成章。作为项目的负责人，项目经理在对每个项目成员分配责任时，一定要制定相应的奖惩措施，调动项目成员的积极性的同时，还对项目成员完成责任的结果进行监督。

【项目管理法】 作为项目经理，要通过清晰责、权、利，清楚每个项目成员的负责范围而达到目标的管理。任何状况出现，明确是谁的责任，在谁的责任区由谁负责。

9.集体利益大于个人恩怨

在每一个项目团队中，项目经理与项目成员或是项目成员之间大都有着一些个人恩怨，每个人心中都有对他人的不满之处。在项目的执行过程中，每当工作发生摩擦时，双方就会不知不觉地把旧账重新翻出来，互相揭对方老底。尤其在项目成员之间，这种现象更为常见。

一家化工企业的某车间，有一正一副两个主任，正副主任严重对立、互不服气。两个人同在一个车间工作，却视如仇人，正主任召开会议时不通知副主任参加，副主任安排工作时不告诉正主任。可想而知，在这种情况下，任何工作都难以取得实质性的进展。

其实，正是项目团队为每一个项目成员提供了职业成长的环境，提供了自我提高的沃土，当项目团队处在个人恩怨中时，无论是项目经理还是项目成员，都应把项目团队的利益放在首位，站在集体的角度上考虑问题，以大局为重。只有这样，整个项目执行起来才会既顺利又卓有成效。当然，要想使每一个项目成员都意识到集体利益大于个人恩怨，项目经理还需要先从自身做起，树立起项目成员效仿的正面榜样。

【项目管理法】 项目经理应让每个项目成员明白这样一个道理：个人的力量只有依托于集体，才能体现出他的价值，项目团队与项目成员的关系也是如此，项目成员要想实现个人利益，就要以项目团队的利益为先。

10.经营好项目成员的责任心

在项目执行中出现问题以后，项目成员都会倾向于寻找各种借口来推卸责任，例如，“我没有足够的时间”，“那不属于我的工作范围”，“竞争对手比我们更强大”等，每个项目成员都会竭力解释“为什么这件事没有完成”，而不是积极思考“我还可以做些什么才可以弥补这一失误”。这里面便存在着责任心的问题。

为什么项目成员的责任心不强呢？概括起来有三个主要原因：一是项目经理不知道该如何体现和增强项目成员的责任心；二是项目经理思想懈怠或疏于管理监督，项目成员自然跟着懈怠；三是源于人的懒惰天性。

责任心看似是小节之处，而正是这些小节的积累，往往注定了项目团队的命运。因此，项目经理要注意在日常管理中经营好员工的责任心：

（1）严格控制工作流程

项目经理要对项目执行的业务流程、服务流程和管理流程等所有工作流程进行科学设计，从流程上确保工作质量，避免人浮于事的局面出现。

（2）强化工作中的制度监管

有了制度没有人监管，等于没有制度。在确定监管者的时候，项目经理要保证监管者自己是制度的遵守者，且监管人要能破除情面不徇私情进行监管。

（3）通过教育培训，教化人心

项目经理要对项目成员进行培训教育，通过培训教育，使项目成员能够自愿地提高责任心。

当然，在强化项目成员的责任心时，项目经理要身体力行，在工作中具备应有的责任感。

【项目管理法】 任何情况下责任都有一个定量，如果任何一方承担了过多的责任，那么另一方就会相应地减少承担等量的责任。

11.开一个高效率的项目执行会

会议是项目执行工作的一种重要手段，然而，许多会议常常出现各种弊病，严重降低了项目团队的运作效率，这应当引起项目经理的警戒。

项目执行中的工作会议常见的弊病有：开牢骚会、扯皮会、批判会、邀功会，还有的会议是项目经理唱独角戏；议事缺乏规则；临时会、突发会太多；决而不行。出现这些弊端的原因有很多，如项目经理会上逞口舌之快，会下不闻不问；项目经理与项目成员沟通不力，往会上一推了事，表面上配合，实则各怀心事。

因此，项目经理要总结经验教训，在掌握团队成员心理诉求的基础上，把握好会议的节奏，提升会议的效率，对工作的开展发挥积极、正面的作用。

① 准时召开会议。会议延迟召开是对时间和成本的浪费，而杜绝会议延迟召开的办法是：给会议迟到者适当的惩罚，时间一到即召开会议。

② 大力提倡开短会、讲短话，注重会议实际效果。如果项目经理的行为能够做到简洁，项目成员将会以此作为榜样。

③ 会议议题不要安排过多。每次会议，会议的议题安排一

到两个即可，尽量不要超过三个议题。

④ 尽量避免讨论与会议议题无关的内容。每次会议都应提前计划好需要讨论的会议议题，没有计划的最好不要在会议上讨论，否则，该讨论的问题没有讨论到，不该讨论的却占了会议的大部分时间甚至延时。

⑤ 约定项目成员的发言时长。会议正式召开之前要和发言的项目成员约定好发言的时长，让大家在发言之前都做到“心中有数”。

【项目管理法】 项目经理要把握会议时间长短的问题，尽量在短时间内作出部署。举行会议时，时间不应该安排过长，一般控制在半小时到两小时之间。

第十四章

读懂职场关系学：工作氛围好项目才能干得好

项目执行离不开具体的人，而良好的工作氛围与团队关系有助于大家形成合力，让项目尽早落地。正所谓众志成城，项目执行从根本上说是团队协作的结果，而不是单个人能够胜任和完成的。关系到位，执行才会到位。

1.锻造非凡的项目领导魅力

在一个项目团队中，真正能够得民心的项目经理绝不会是那些爱摆架子的人，也不会是那些让项目成员觉得有“威严”的人，而是那些让项目成员感觉有魅力的人。

项目经理要把自己具备的素质、品格、作风、工作方式等个性化特征与管理活动有机地结合起来，才能更好地带领项目团队达成预定的目标。缺乏优秀的品格和个性魅力，项目经理的能力即便再出色，项目成员对他的印象也会大打折扣，他的威信和影响力也会受到负面影响。既然魅力是一种“很能吸引人的力量”，那么，怎样才能成为一个有魅力的项目经理呢？

（1）品德是衡量和评价项目经理魅力的前提

项目经理需要不断加强个人的品德修养，靠良好的品德修养取信于项目成员，这样才能获得项目成员的真正信赖。

（2）项目经理要能巧妙地运用感情杠杆，处处关心项目成员

人是有感情的动物，得到了重视，项目成员便会“投桃报李”，以真心来回报。

（3）项目经理要富有见识

每个人都喜欢知识渊博的人，作为项目经理，无论是书本知识还是社会常识，都应该具备，这样的项目经理才会受到项目成员的崇拜。

（4）项目经理还需做到以己正人

榜样的力量是巨大的，一旦通过表率树立起在项目成员中的威望，项目团队将会上下同心，大大提高执行力。

【项目管理法】 项目经理魅力的培养不是一朝一夕能做到的。因而，项目经理应不断加强自身各方面的修养，以此来增强自身的领导魅力，从而让项目成员在你的带领下开开心心地为你效力。

2.项目经理要控制好自己的情绪

社会日益发展，竞争日益激烈，生活节奏越来越快，人们普遍感到压力过大，于是情绪变得越来越糟，不良情绪对生活和工作的影响都很大，情绪低落时，看什么都不顺眼，而真正优秀的人往往能主宰自己的情绪，始终以积极乐观的心态面对一切。

对于项目经理来说，只要经过训练，便能冷静理智地控制好自己的情绪。

（1）时刻保持自信

具有自信的人才是最有魅力的。只要有了信心，没有做不到的事，项目经理要时刻保持高度的自信，只有这样，才能管理好自己的情绪。

（2）具有高度的忍耐力

项目经理需要解决项目执行中的一些重要问题，所以切忌没有头绪，更不能随意在项目成员面前乱发脾气，这就需要项目经理具有高度的忍耐力。

（3）头脑要冷静理智

项目经理要时刻让自己保持冷静，即使自己管理的项目高效完成或是陷入困境。只有冷静，才能保证自己的决策和管理行为是理性的，可行的。

（4）坚持客观地看待问题

项目经理绝不应该因个人的见解妨碍自己客观地看待问题，如果实在难以抉择，可以征求项目成员的意见。

只有能管好自己情绪的项目经理，才能在工作中所向披靡，任何棘手的问题都难不倒他。

【项目管理法】 高明的项目经理，知道用快乐的解毒药来消除沮丧的神志、忧郁的思想，知道用乐观的思想消灭悲观的思想……由于懂得种种管理自己情绪的方法，他在心灵上才不会经受痛苦，在项目的执行中也才会得心应手。

3.把自己的决断，变成集体的决策

对于一个项目经理来说，最普通的日常工作就是做决策，下决定。这些决策大到关乎项目团队的命运，小到一些鸡毛蒜皮但是又需要及时处理的小事。在一些团队里，项目经理自恃为团队的领导者，便决策武断。他们喜欢把自己的决断当成集体的决策，直接传达给项目成员去执行，其实这些做法是非常错误的，会严重影响项目团队的发展，长此以往会让项目成员失去责任感和进取心。

其实，就算项目经理所做的决策是万无一失的，也必须通过必要的步骤让项目成员意识到他们是参与到决策过程中的。一个优秀的项目经理，应该学会让自己的决断变成集体的决策、民主的决策，这样才是一个项目团队真正的发展之道。项目经理们可以从美国航空公司做决策的过程中汲取经验。

美国航空公司每次在做出重大决策的时候，都会把各个阶层的员工代表召集起来，首先是基层的员工代表发言，然后再由上一层员工代表发言，依次类推，最后发言的才是最高领导人。经过最高领导们的商讨，最终做出一个决定，成为最终决策。在传达决策的过程中，并不仅仅作为一个命令去传达，而是在传达决策的文件中附属一个详细的说明，表明为什么做出这一决策，谁参与了这一决策的制定，对哪些员工进行表扬等，所有员工都会觉得自己是决策制定的参与者，于是，他们会更加努力地去执行这一决策。

【项目管理法】　真正实现集体决策，让项目成员参与到项目团队的管理上来时，项目成员的责任感和参与性便会被激发出来，积极性也会提高，项目团队自然会呈现出一片生机勃勃的景象。

4.一碗水端平才会赢得信任

一个项目团队要想做出成绩，项目经理就必须要赢得项目成员的信任，而赢得信任的关键则在于处事的“公平”。在团队的日常管理中，项目经理唯有坚持“一视同仁”，才能创造一种公平公正的竞争环境，进而达到赢得项目成员信任的目的。

但在大多数情况下，由于深受伦理型的传统文化的影响，很多项目经理会不自觉地在项目的管理工作中掺杂进个人情绪，有意或无意地偏袒自己的朋友或是亲戚，这种做法是要不得的，一旦破坏了公平规则，再要想赢得下属信任就困难了。所以，项目经理一定要时刻保持清醒的头脑，对所有员工都一视同仁，既不能搞特殊化，也不能把管理权当成谋人情的工具。那么，项目经理怎样才能做到一碗水端平呢?

(1) 项目成员之间出现矛盾时，项目经理要冷静公正，不偏不倚

项目经理在项目成员的心目中，应该是公正的化身、正义的代表，如果过于偏袒某一方，被偏袒者可能会拥护你，可是在另一方心中，项目经理便成为不值得信任的对象。而且，不论项目成员之间产生何种冲突或矛盾，项目经理都不应急于表态，而要充分听取双方的意见。

(2) 提供同等的晋升机会

英雄不问出处，项目经理对项目成员要同等对待，提供同

样的晋升机会，其薪资制度也应不存在任何差别。这种公平的组织文化，能在很大程度上调动项目成员的积极性，促进项目团队的发展。

(3) 严格按制度办事

"一碗水端平"的做法不应该停留在口头上，而要深化成为团队制度，只要有"违规者"，项目经理就应毫不留情地给予处分。一定要让严格的"公平"制度为项目团队的发展提供可靠的纪律保证。

【项目管理法】 因为种种原因而不能公平地对待每个项目成员的成绩，或不能公平地处理每个项目成员的错误，实际上起到的是一种离间的作用，项目成员之间会相互猜忌，矛盾重重，项目团队的凝聚力便会大大降低。

5.大胆为项目成员邀功

功劳对于每个人来说，都是一种荣誉，是一种人生价值的体现。功劳仿佛为立功之人镀了一层金，让其身份立刻得到提升。项目成员在项目经理的领导下，为了项目团队的目标努力工作，看似没有自己的追求，其实不然。项目成员也是人，也需要成就感，也有趋利避害的人性需要。因此，项目经理有必要学会安抚和鼓励每一个项目成员，并在必要的时候为项目成员邀功。

而在现实的工作中，项目经理对项目成员具有统御的权力，他们自然更希望自己能比所有的项目成员都优秀。这时，一旦项目成员出现了进步或是做出了成就，项目经理便开始嫉妒。这种做法极其错误，对于项目成员的功劳，项目经理一定要给予肯定和赞扬。

项目经理的肯定和赞扬是项目成员工作积极性的源泉。如果项目经理能够适时地对项目成员的工作大加赞赏，项目成员的工作积极性就会有增无减，从而创造出更多的价值。

当然，项目经理在大胆地为项目成员邀功的同时，还要注意一个度的问题，凡事过犹不及。当项目经理对项目成员过于表扬，将本来属于上下两级的功劳全归功于项目成员，则既会造成项目成员的盲目自大，也会让自己显得无能从而失去威信。所以，为项目成员邀功要适度，既能满足项目成员的成就感，让他感恩戴德，也要维护自己作为管理者的尊严。

【项目管理法】 能够为项目成员邀功的项目经理，在项目成员眼中，是伯乐，是知己。所谓“士为知己者死”，能够为项目成员邀功的项目经理必定能获得项目成员肝脑涂地的追随。

6.研究项目成员的心理需求

在一个项目团队里，项目经理和项目成员分别属于不同的群体，他们各自有着不同的需求。就项目成员来说，每一位项目成员的心理需求都会有差异。项目经理在考虑问题时，只有站在项目成员的立场上，才能赢得他们的信任。而要想站在项目成员的立场上考虑问题，必须要了解项目成员的心理需求。

根据现代劳动心理学研究成果发现，相比从前，项目成员的需要已经发生了根本性的变化，比如，项目成员要求能够参与决策，有一定的地位；要求在工作中获得成长，并能在工作中找到乐趣；要求薪酬能够突破现状；要求被尊重、被关心、被理解、被倾听……

针对这些变化，项目经理要学会“按需激励”。例如：

有的项目成员家庭经济困难，项目经理便可以利用奖金来激发他的工作热情；

有的项目成员很重视职业理想的实现，项目经理便要用更具挑战性的任务来激励他；

那些后进的项目成员的思想有了转变，项目经理要第一时间看到他们在工作上的进步，并给予鼓励……

在针对项目成员的心理需求对其进行激励时，项目经理切不可犯经验主义的错误，即不能“一刀切”，而要在进行具体深入的调查研究基础上，依据不同要求制订出有针对性的方案，这样才能收到事半功倍的效果。

【项目管理法】 著名的管理专家米契尔·拉伯福说：“人的能力是有差异的，要承认人的差异，对人的不同贡献给予不同的回报，要让每一个员工都羡慕贡献者，模仿贡献者，不断地激发自己向优秀人才靠拢。”在社会发展日新月异的今天，只有对症下药，才能获得预期的回报。

7.良好的人际关系提升团队战斗力

项目成员之间良好的人际关系是项目团队和谐氛围的基础。人际关系不容小觑，有时，它比采用新设备、发明新技术所产生的工作效率还要高，良好的人际关系能提升项目团队的战斗力。于是，维持项目团队内良好的人际关系成了项目经理的主要工作之一，那么，怎样才能帮助团队成员建立和维持良好的人际关系呢?

(1) 对项目成员进行适当激励

真诚地激励他人，是加深人际关系的有效途径。对项目成员进行激励，能肯定项目成员的成就，使其产生满意、愉快、认同的情感。

(2) 鼓励项目成员之间的积极交往

人际交往是项目成员相互适应、相互协调配合的过程。鼓励项目成员在交往时进行“角色易位”，让项目成员的一方能够站在对方的立场上去处理事务、考虑问题，这样可以避免因误会和隔阂而导致冲突，使人际关系保持和谐。

(3) 鼓励项目成员之间相互分享成就

独享自己的成就，只能获得一种快乐，而与他人分享自己的成就，则可以获得更多快乐，而且，项目成员间相互分享工作成就有助于建立一种和谐、积极的团队意识。

（4）正确处理项目成员间的冲突

冲突是团队生活不可避免的，项目经理可以通过鼓励项目成员间的适当竞争、鼓励争论和促进变革来处理他们的冲突。冲突处理好了，项目才能得以顺利开展。

【项目管理法】 良好的人际关系可以增强项目团队的凝聚力，建立项目团队内部良好的人际关系是项目团队和谐氛围的基础，是项目取得成功的保障。

8.坚持对“事”不对“人”

在百度的会议室里，争论成了每天必需的一项工作，持相反意见的双方直接反驳或争执得面红耳赤是常有的事，但出了会议室，大家又是融洽互助的关系，这其中的诀窍就在于，百度人所有的争论都是对“事”不对“人”。

而在很多的项目团队中，都存在一种浓厚的对人不对事的文化。项目经理在判断是非和决定自己对某一问题的立场态度时，不是判断这件事情本身合理与否，而是看主导这件事情的人是谁，从而来决定自己的做法。例如，某个项目成员对项目经理很反感，当项目经理下达一项十分合理的工作指令时，这个项目成员也会找出各种理由加以拒绝；而当某个项目成员和项目经理的关系很好时，即使项目经理的某项决策错误百出，这个项目成员也会坚定地支持。由此可见，对人不对事在项目的执行工作中后患无穷。

对“事”不对“人”强调以“事”为中心，它的精髓在于注重成果、尊重规则，与实事求是是一脉相承的。对事不对人可以让项目经理把有限的精力聚焦在事情和结果上，要做到这一点，需要项目经理做到两个方面，即项目经理不要带着偏见去评价员工的工作成果，项目团队要建立完善和健全的制度和标准体系。

当然，对“事”不对“人”也不是绝对的，项目经理可以视具体情况灵活处理。

【项目管理法】 关于“人”和“事”的管理，项目经理可以遵循以下规则：先对事，后对人；多对事，少对人；高调对事，低调对人；大范围对事，小范围对人。

9.当好项目执行者的保护伞

作为项目经理，需要经常面对执行力的问题。我们发现，某个项目执行不下去或是某个项目执行过程中的某项政策执行不下去，或者在执行中走了样，其中一个重要原因，就是有人违反新政策。遇到这类情况，如果项目执行者不顾阻力而强势执行，极有可能在执行中成为新政策无辜的牺牲品。

所以，项目执行者在具体执行“公务”的过程中往往会感到无可奈何，在这种情况下，项目经理除了站出来，公开支持项目执行者的执行工作之外，还应该千方百计地保护项目执行者在“公事公办”的过程中不受伤害。只有保障了项目执行者的“安危”，他们才愿意出面去做具体的执行工作，才能让项目团队中的各项政策顺利地实施下去。

为保护项目执行者的“安危”，项目经理可以充分利用自己在团队中的威势和影响力，在具体的执行过程中偶尔出面，当好项目执行者的保护伞，给那些可能违规的人造成一种表面上的震慑，将他们的矛头从项目执行者身上巧妙地引开，从而最大限度地让项目执行者得到保护。

要想当好项目执行者的保护伞，项目经理自身必须要有足够的“能量”，其威望能“镇”得住场面，否则，只能适得其反，不但保护不了项目执行者，还有失自己的威望。

当然，项目经理在出面保护项目执行者前，一定要肯定项目执行者推行的政策是合理的，只有合理的政策，才能让大多数人拥护和接受。

【项目管理法】　要让项目执行者忠于职守，项目经理必须首先解决他们担心的问题，让他们彻底消除后顾之忧。当他们遇到巨大阻力时，项目经理更应该在前开路，必要时可以大包大揽。

项目有了，看你怎么去执行

第十五章

卸掉成员的“思想包袱”：不让情绪影响项目的执行

工作人员情绪不佳，必然影响执行的效果。为此，项目经理必须在倾听和理解的基础上，时刻关注项目成员的一言一行，找出导致负面情绪的因素，对众人加以疏导。情绪高涨，大家轻装上阵，才会有高效执行，才会出成果。

1.卸掉大家的“心理包袱”

心理学专家认为，每一个人的内心都有一个“表现区”，在这个区域里人们通常经受着可控制的压力，这个压力就是人们奋斗的动力源泉，精神和信念的基石。如每个项目成员都担心年纪大了以后的养老问题，忧虑孩子上学择校的事情，害怕生大病没钱去医院……这些都是心理包袱。心理包袱过重往往会压得项目成员走不动路，使得他们的工作效率随之降低。

项目经理要想提高项目成员的工作效率，就要卸掉他们的心理包袱，让他们轻装上阵，这样才能让他们心无旁骛地专心工作。

但项目经理毕竟精力有限，很难做到面面俱到，更无法事无巨细地关注每位项目成员的一点一滴。在有限的时间和精力之下，项目经理可以增加对项目成员的感情投资，平时多关心他们，尽可能地帮助他们解决一些私人问题，这对减轻他们的心理包袱是有好处的。此外，在项目成员遇到困难的时候，项目经理不妨雪中送炭伸手帮一把，这不仅能让他们从沉重的心理负担下解脱出来，还能让他们心生感激，从而更加衷心地为团队效力。

拿项目成员所犯的错误来说，每个项目成员都不想犯错误，但犯错误又是不可避免的，在这种情况下，项目经理如果毫不留情地训斥只会加重项目成员的“心理包袱”，进而降低他们的工作效率。所以，此时的项目经理不妨做一个“知心领导”，找犯错误的项目成员谈谈心，想办法卸掉他们的思想负担，这才是最为明智的解决方案。

当然，要想使项目成员放下心理包袱并不是一件容易的事，项目经理只有取得项目成员的信任，和项目成员相互尊重，才能从根本上令其卸掉心理包袱。

【项目管理法】　卸下心理包袱的项目成员就像轻装上阵，走得会更快、更远。身为项目的管理者，只有卸掉项目成员的“思想包袱”，才能增强他们的自信心，才能从根本上改善其疲惫不堪的工作状态。

2.工作中学会尊重项目成员

在生活中，经常会出现这样的情况：一个人可以为了自己的尊严舍弃很多东西，甚至不惜牺牲自己的生命。可见，人们对于尊重的重视。心理学家认为，被人尊重是一个人的基本心理需要。在项目的执行过程中，项目经理如果想要留住项目成员，如果想维持项目团队的稳定性，尊重是最基本的原则。

但是，很多项目经理都很难意识到尊重项目成员的重要性，更不知道该如何在工作中去尊重项目成员。

首先，项目经理要努力培养尊重项目成员的意识，与项目成员在交往中尽量做到尊重彼此。

玫琳凯化妆品公司的创办者玫琳凯·艾施就是一位尊重员工的优秀领导者。在工作中，她会尽可能地去尊重每一位员工，如她会经常对员工说："我为你感到骄傲，你是公司必不可少的一员!"玫琳凯尊重员工的做法不仅让员工可以保持工作的动力，而且减少了员工的流失率。作为项目经理，我们也可以像玫琳凯那样，尊重每一位项目成员，让整个项目团队更加稳定。当然，平等对待项目成员是对他们最好的尊重。

其次，项目经理还要尊重项目成员的劳动成果，如认可项目成员的工作成绩，从而让他们感受到自己的价值。

最后，项目经理在处理问题时，不应该充斥着冷冰冰的命令，而应使用建设性的语言，这样才会得到项目成员的配合。

【项目管理法】 不管职位高低，每个项目成员在人格上都是平等的。项目经理在批评项目成员时，一定不能将对错误的批评上升为对人格的批评。

3.关注项目成员的生活状态

对于项目经理来说，项目的执行工作是第一位的；而对于项目成员来说，自己的生活状态才是第一位的。在项目的执行过程中，如果项目经理总是把工作凌驾于所有事情之上，项目成员便会心生不满，项目团队也会因此而动摇。所以，要想使项目的执行工作顺利进行，项目经理一定要先关注项目成员的生活状态。

（1）缓解心理压力，减轻项目成员的疲劳感

2005年，百度重金聘请健康辅导师，并建立健康辅导室，辅导室内设诊疗室、按摩室、心理辅导室等，并配置了先进的按摩设备和其他医疗器材。百度员工可以通过向健康辅导师咨询，缓解自己的心理压力，减轻工作带来的疲劳。

（2）项目经理和项目成员同甘苦、共命运，创造一种家庭式情感

在华为，公司制度框架范围内有一部分是“个性化关注”：如当有同事结婚或老婆生孩子，不能参加项目团队工作时，即使项目工作再紧张，也会给他们一定的假期，或是让其他成员一起承担工作。为了保证员工身体健康，华为还不断推行科学、有效的管理，逐步减少加班时间，以保障员工的身体健康。

【项目管理法】　一名优秀的项目经理不只是要工作结果，而且应该把一部分精力放在项目成员的生活状态上，多了解项目成员的生活情况，加强员工归属感的培养。

4.疏导项目成员不良的工作情绪

一般来说，项目经理关注的焦点都是如何最大限度地提高项目成员的工作效率，如何提高项目成员的团队协作意识，或是如何激活项目成员的思维能力。很少有人会把工作的重点放

在对项目成员工作情绪的引导上。其实，情绪与效率有着莫大的关系。情绪好的时候，项目成员的思路会比较清晰，工作起来会干劲十足，轻松许多；情绪不好的时候，项目成员对任何事情都显得缺乏兴趣，提不起兴趣；愤怒的时候，工作则会一塌糊涂……

所以，如果项目成员出现了不良情绪，项目经理要马上站出来对其进行疏导。

(1) 建立心理咨询室或是情绪发泄室

某位知名企业的董事长曾将自己的形象制成橡皮模具，并将模具放在一间“出气室”内，凡是心中有气没处出的员工，都可以来到这里对着老板的模具拳打脚踢、大声怒骂，将怨气发泄出来。

(2) 项目经理自己要以积极的情绪作为正向指导

项目经理是项目团队的风向标，项目经理保持良好的情绪状态，对于项目成员是一种引导。

(3) 建立积极向上的团队气氛

项目经理要注意保证项目团队内部充满积极的氛围，尤其是当团队气势下降时，更应该组织不同类型的团队活动来建立融洽的氛围，重振士气。

【项目管理法】 针对个别项目成员的坏情绪，项目经理要进行个别引导。特别是在平常的工作过程中，项目经理应该注意团队成员的情绪变化，便于及时进行心理疏导。

5.创造良好的工作环境

舒适的工作环境有利于项目成员身心放松，从而更愉快地投入到工作中去。所以，在项目的执行过程中，项目经理不仅要协助项目成员克服工作中的困难，还要给项目成员提供一个良好的工作环境。

首先，项目经理要保证项目成员的工作现场没用的或暂时不用的东西要统统清理掉，包括灰尘、垃圾、个人物品、破损的设备等。只保留有助于当前工作的物品，且要干净、整洁，形成一目了然的工作环境，这样，项目成员工作起来便会神清气爽。

其次，通过可视化的管理手段，将工作中的要求、标准、规范和注意事项等以标识、看板等各种视觉感知信息的方式呈现出来，让项目成员对工作任务有更好的整体把握。

最后，项目经理还要引导项目成员对工作环境有所重视。

另外，在项目的执行工作中，项目成员每天都要接收大量的信息和文档，如果得不到及时清理，就会妨碍他们的工作效率。所以，整理和清理新旧文档也能够创造效益。需要注意的是，在清理旧文档时，对于一些有重要信息的废弃文档，绝不能随手扔进纸篓，而应该用碎纸机进行粉碎后再行丢弃，以免造成项目机密的外泄。

【项目管理法】 项目经理和项目成员应该达成共识：在有序的工作环境下，工作效率会更高；在脏乱的工作环境下，工作中出错的概率则会极大地增加。

6.肯定项目成员的工作成果

实实在在的工作成果，是每个人自我价值的体现。例如，家庭主妇最喜欢看家人吃她做的饭时的满足表情；汽车工人看着他装配好的汽车开出去会兴奋不已……这些激励，都出自工作成果。这种精神上的满足可极大地调动起人们工作的热情，使其尽心尽力，主动去为提高企业的业绩而努力。

在项目团队中，每个项目成员也都希望自己的工作能得到项目经理的肯定，从而获得成就感。得到肯定的项目成员会更加积极地工作，相反，没能得到肯定的项目成员的工作积极性就会有所减弱，甚至会离开团队。

所以，在项目的执行过程中，项目经理一定要确保让项目成员看到自己的工作成果，不要让项目成员自己去猜想干得如何 。在这方面，海尔的做法很值得我们参考。

海尔非常重视对员工工作结果的肯定。在海尔的车间有一个十分醒目的“小改革小发明的命名”板，在这块普通的黑板上，展示着海尔基层员工在工作岗位上的各种小发明、小创造。而且，海尔会以员工的名字为这种小发明、小创造命名，以此来激发员工的工作积极性。

总之，当项目成员做出成绩时，不论大小，项目经理都要及时给予肯定，以此培养项目成员的自豪感和自信心，为项目团队留住人才。

【项目管理法】 在项目的执行过程中，即使是小小的成绩得到了肯定，也能大大提升项目成员的成就感和满足感。这种成就感和满足感就是激发项目成员努力工作的源泉。

7.协调项目成员之间的冲突

在项目团队中，由于每个项目成员的性格、能力、年龄、爱好、价值观等存在不同，工作中难免会出现分歧和冲突。这些冲突一开始并非有多大影响，但如果冲突愈演愈烈，则必然会影响项目团队的稳定性。

面对项目成员之间出现的分歧和冲突，作为项目经理，应该如何去处理呢?

（1）重视冲突，找到冲突的源头，将冲突解决在萌芽状态

发现项目团队中出现冲突后，项目经理首先要倾听冲突双方的心声，让双方解释冲突的原因；然后分别对冲突双方表示理解，并力求让冲突一方理解另一方；最后找到解决冲突的基本策略，是采取合作策略、妥协策略还是冷处理的策略。

（2）教给项目成员一些解决冲突的技巧。换位思考是解决

冲突的最好方法

(3) 项目经理可以和冲突双方商定一个同时考虑到两方利益的解决方案

提出解决方案后，项目经理还要监督双方是否按照冲突解决方案在努力解决冲突。

(4) 避免使性格有冲突的项目成员在一起工作

如果项目成员之间的冲突是因为双方的性格、气质等这些难以在短时间内改变的因素引起的，项目经理在分配工作时，便要避免使性格有冲突的项目成员在一起。

【项目管理法】 项目经理可以对建设性冲突进行冷处理。比如，项目成员在对相同工作任务看法上有冲突时，项目经理可以从更加宽广的视野去看待工作任务，并对此类冲突选择冷处理。

8.让项目成员看到“希望”

无论是在生活中，还是工作中，项目成员都难免会遭遇挫折。特别是当目标与现实之间的差距越来越大时，项目成员便会无心工作，对什么都失去信心。这时，作为项目成员的领导者，决不能对其置之不理，而要把项目成员从挫折中解脱出来，要让他们看到“希望”。

首先，项目经理不能对项目成员提出过于苛刻的要求。每个人都有缺点，都会犯错，所以项目经理不要试图让每一个项目成员都能像设想的那样做一个完人，那样的话，项目成员的心理压力就会很大。如果项目成员看不到“希望”，便会影响整个项目团队的战斗力。

其次，项目经理不要过多关注项目成员的缺点，不要给项目成员过多的工作压力，要多关注他们的优点，增强他们的信心。

最后，与项目成员推心置腹地沟通，让项目成员明确其在项目团队中的独特价值。当项目成员意识到自己的重要性，便会看到“希望”，便会努力地去创造更大的价值。

当项目成员将工作中遭受的挫折看成是一种失败、一种灾难，且在挫折面前陷入一种焦虑和忧愁的情绪中时，他们可能会自暴自弃，有时甚至会选择放弃生命。作为项目经理，有责任帮助项目成员重拾工作激情，让他们在今后的工作中更加顺利。

【项目管理法】　任正非说过：“不要试图做一个完人，因为做完人是很痛苦的。要充分发挥自己的优点，使自己充满信心地去做一个有益于社会的人。”项目经理也要明白这个道理。

9.给大家一个心理“泄洪口”

项目成员在实际工作中总会遇到各种各样不开心的事情。这些不开心如果得不到宣泄，便会影响工作的顺利开展，如果项目经理能够给项目成员找一个心理的“泄洪口”，项目成员便能以平静的心态投入到工作中去。

给项目成员提供心理宣泄的机会并不是件困难的事情，有时，项目经理只需多花点心思，便能达到目的。

(1) 深入到工作中去，多和项目成员接触

大多数情况下，项目成员需要的只是项目经理的理解，并不需要得到实质的回音。这时，项目成员有必要和项目成员做一次面对面的长谈。

(2) 进行适当的倾听和沟通

项目经理必须时时刻刻提高警觉，注意观察项目成员平时在言行举止上的反常现象，及时为项目成员的抱怨和不满提供宣泄的机会，这样，更容易将矛盾冲突从根源上消除。

(3) 设立意见箱，召开检讨会

项目成员们有牢骚和抱怨时，因为害怕会得到领导的刁难和斥责，常常把它压在心底。长此下去，项目成员心中的牢骚便会越积越多，一旦爆发，后果不堪设想。这时，不记名的意见箱便成了项目成员宣泄抱怨的有效方法。

【项目管理法】 倾听项目成员的心声，给其提供心理的“泄洪口”，不仅可以帮助他们抚平情绪，避免不良情绪带来的危害，也能显示出项目经理对项目成员的关心。

10.成为项目成员心中的依靠

每个项目的执行都不是一帆风顺的，项目成员的工作也总是会遇到这样那样的困难。这时，项目经理必须成为项目成员心中的依靠，抚平他们的情绪，给他们以信心。要想成为项目成员心中的依靠，项目经理可以从以下几个方面着手。

（1）具备高度的自信心

项目经理要对自己保持信心，在遇到困难和挫折时能够冲到最前面，积极地寻求解决困难的方法，以其责任心和解决困难的能力获得员工的尊重。项目经理的自信不仅可以感染员工，对解决困难也起着积极作用。

（2）提高本身的自控力

动不动就怒发冲冠的项目经理会让项目成员没有安全感。作为团队事务的决策者，项目经理必须时刻保持冷静理智。冷静时做出的决策和管理行为才是理性的，可行的。

（3）要会全面客观地分析问题

项目经理在找到解决问题的方法时，不要武断地付诸实施，而要同有资历的专家进行探讨，以避免判断失误。

【项目管理法】 在项目团队出现问题或者项目成员遇到问题时，项目经理便成了他们心中的救世主。每一位项目成员都希望遇到一位有能力、有魄力的项目经理。而项目经理要想成为项目成员心目中的依靠就必须时刻保持积极乐观的心态。

11.管好项目团队从安人开始

项目成员在管理团队的时候，要能够聚合团队的力量，通过有机组合来使团队获得更强的战斗力。

每个人都是一个独立的个体，而要想把他们团结起来组成一个合作的团队，关键在于项目经理会不会管人用人。项目经理要考虑如何让每个项目成员充分施展自己的才华，通过优化组合，实现 1+1>2 的效果。带领一个项目团队，便要学会如何使整体效果大于部分之和。

（1）把不同风格的人组织到一起

马云曾说："进了公司，就是朋友，我是捏他们的水泥，他们是石头。"在一个项目团队里，每个项目成员的性格、能力和特长都会有所不同。项目经理要做的，就是如何通过自己的调控，把不同风格的人组织在一起，打造一个完美的团队。

（2）洞察员工的心理玄机，有的放矢地安排工作

项目成员的内在情绪和动机，是通过外在言语和行为动作表现出来的。项目经理在与项目成员接触的过程中，不仅要会"看脸色"，还要能够根据仪表、气质，以及他人的评价，对项

目成员的工作能力和人格特点进行判断。只有这样，才能在工作安排中有的放矢，提高效率。

【项目管理法】 对项目成员个体的管理不当，便会出现 1+1<2 的结果。优秀的项目团队需要每个项目成员做到五个统一：统一目标、统一思想、统一规则、统一行动、统一声音。

12.别让大家戴着镣铐跳舞

在驾校里学过开车的人都知道，刚开始学习时，因为心里十分紧张，很难把握准确的方向，尽管教练十分认真地进行教学，苦口婆心地让学员注意这个注意那个，但效果并不理想，原因就在于学员在压力下很难轻松学习。其实，如果教练能改变一下方式，让学员尽可能随便地驾驶，不要苛求他们做得完美，效果反倒会很理想，驾驶起来不再畏畏缩缩，而是放下包袱，轻松上阵。

同样，在项目的执行过程中，项目经理也不能对项目成员管得过死。如果过于严厉和苛责，他们就会畏首畏尾，工作完成的效果也会大打折扣。相反，如果适当地给项目成员一些空间让其自由发挥，反倒能取得更好的工作效果。

有些项目经理，总是喜欢用过于严厉的制度来管理项目成员，结果项目团队里怨声载道，工作效率不增反降。其实，只有完善、合理的规章制度才会促进项目团队的发展，那些太严厉的规章制度往往并不十分合理，不但起不到约束的作用，还会严重打击项目成员的积极性。

当然，不让项目成员戴着镣铐跳舞并不意味着对项目成员放任不管，放手需要有个度，这个度还需要项目经理在工作中根据具体工作进行探索。

【项目管理法】 “海阔凭鱼跃，天高任鸟飞”，在项目执行的过程中，项目经理也要有这种气魄，敢于放手。只有卸下项目成员的“镣铐”，他们才能发挥出最好的水平，否则只会越绑越死。

13.共同愿景是项目团队之魂

“共同愿景”是项目团队中全体项目成员所共同持有的意象或景象，它创造出众人一体的感觉，并遍布到项目团队全面的活动中，从而改变项目成员与项目团队的关系，成为强大的驱动力。

“共同愿景”是一种企业文化。例如，联想集团的“共同愿景”是：以振兴民族 IT 产业为公司的核心价值观，以为客户创造价值、为员工提供发展平台、与合作伙伴实现双赢为基点，通过与员工、客户、合作伙伴的共同发展，达到与民族、与社会共同发展的目标。企业有企业的共同愿景，项目团队也应有项目团队的共同愿景。如何建立起项目团队的共同愿景是每个项目经理的责任。

① 在确定团队的共同愿景前，应先了解项目成员的个人愿景。团队的共同愿景不是项目成员个人愿景的简单相加，而是来自项目团队各成员的共同关注。

② 鼓励项目成员拿出积极的实施方案来实现自己的个人愿景。同时，还要分析个人愿景与共同愿景的融合程度。

③ 项目团队的共同愿景确定后，还应对项目成员的支持程度进行测试，最终确定一个能够得到整体认同、可发挥员工凝聚力和创造力的共同愿景。

强调共同愿景并不意味着要否认个人智慧、个人价值。但个人的聪明才智只有与团队的共同愿景一致时，其价值才能得到最大体现。

【项目管理法】　如果项目团队一味通过高薪留住、吸纳人才，势必会造成热门人才的价值与价格背离，人才跳槽频繁，人才流动风险增大等现象。通过建立"共同远景"这一核心价值观和开展职业道德培养，可以降低这种风险。

项目有了，
看你怎么去执行

第十六章

项目成本管理：

将执行成本控制在预算范围内

对项目成本的控制，是执行成败的关键。一个严重超支的项目即使完成了既定目标，也不能算是胜利。因为，以巨额的投资为代价，在成本上亏损，与投资获利的初衷背道而驰。项目利润最大化，是项目经理必须牢牢把握的一个基本原则。

1.如何进行项目成本预测

在每个项目开始前，都要对项目的成本进行预测，即成本预测。成本预测包括直接成本预测、间接成本预测和意外事故的成本预测。成本预测是项目成本管理的重要内容，在实际工作中，以下部分是成本预测时不可缺少的：

① 编制任务列表。对每一个将会耗费金钱的工作细目编制完整的列表是成本预测工作的第一步，在成本预测的过程中，由于一些工作细目的遗漏，可能会造成对整个项目成本的低估，进而打乱项目规划和项目的进度，一旦项目不能按时完成，造成的损失将会不可估量。

② 使用核查清单。核查清单是一份完整的涵盖项目的各方面因素如技术、环境、人员、商业法规、社会等各项工作的可能的开支列表。

③ 为项目工作分解细目配上相应成本编码。这种方法可以减少在项目成本预测过程中出错和发生遗漏的风险。

④ 不要忽略容易遗漏的工作任务。容易遗漏的工作任务包括监督检验工作、项目完工后项目产品的试运行、项目交付以及客户接收过程中项目承包方所必须承担的工作义务等。

⑤ 考虑软件工作任务。生产监督和检验进度表、使用维护手册、备用零件列表以及易耗零部件列表等诸如此类的文件和与其他在项目计划或合同中规定的文件都被称为软件工作任

务，在成本预测中充分考虑软件工作任务可以提高预测的准确性。

⑥ 考虑意外事故。即对不可预知成本的估计。如果风险没有发生，作为应急的资金就不会动用。

【项目管理法】 要想做出合理的项目成本计划，要想整个项目得以顺利开展，必须要准确地预测项目的成本，只有这样才能避免项目因资金的问题而中断。

2.项目成本估算的方法

要想保证项目的顺利开展，控制项目成本，项目经理就必须要重视在项目设计和决策之前进行必要的估算和预测。估算和预测的方法有如下几种：

(1) 详细估算法

这种估算法耗时长、费用高，但精确度也很高，因为这种估算法需要对项目中每一个环节的成本都要详细估算，并逐项落实。

(2) 趋势估算法

以过去建设同类项目的资料为基础，运用一定的数学方法进行加工、处理和推理，借以估算项目成本。

(3) 经验估算法

利用同类项目的成本数据进行估算。虽然这种方法可以在很短的时间内获得大致的成本数据，但由于估算的误差较大，只能作为一种近似的预测。因此，经验估算法主要适用于机会研究，作为提出项目时考虑投资的参考。

（4）主要部分估算法

这种方法适用于估算数额大而计算不太复杂的事项，如设备投资、基础设施及主要原材料投资等。这些部分在项目成本中占有很大的比重，对它们进行详细估算可以提高整个项目的成本估算的准确度。

【项目管理法】 成本估算是每个项目成本分析的基础，也是安排这一项目进度的前提，所以，成本估算的准确度很重要。项目经理可以根据项目工作的特点来选择具体的估算方法。

3.掌握项目预算方法

项目经理在进行项目预算的时候不能想到哪里就随意预测，而要遵循一定的方法，如采用自上而下的方法和自下而上的方法。

（1）自上而下的项目预算方法

这种方法是由上层和中层的项目管理人员对项目的整体成本及构成项目的子项目成本进行估算，并将这些估算的结果传递给低层的管理人员，低层管理人员再对组成项目和子项目的任务和子任务的成本进行估算，然后向下一层传递，直到最基层。运用这种方法预算的成本较为准确，但由于每层的管理人员都是根据自己所在的层次进行估算的，有时他们会认为自己的下层没有能力完成项目中的工作，所以这种预算方法有时会使项目的进行出现困难甚至于失败。

（2）自下而上的预算方法

这种方法是先由直接参与项目的项目成员对其各自负责的项目成本进行直接估算，项目经理再在这一基础之上加上适当的如管理费用、意外准备金等间接成本，从而形成项目的整体成本。项目经理与项目成员如果在意见上存在分歧，可以进行讨论来保证估算的精确度。

【项目管理法】　无论采用哪一种预算方法，其目的都是为了合理预算项目的成本。项目经理在选择预算方法时一定要根据项目的特点来决定。

4.建立项目成本控制程序

有效的成本控制程序可以对成本进行有效控制，项目成本控制的程序一般包括以下部分：

（1）制定成本控制标准

为了检查、衡量、评价实际成本，项目经理有必要对项目执行中的各项费用制定定额标准，实际工作中可以采用平均先进法制定成本的标准。项目经理在具体制定定额标准时可以按直接材料费、直接人工费和间接费用来分别制定。

(2) 控制成本的形成过程

只有把成本控制落实到每一个环节，才能有效地降低成本和减少浪费，这就需要项目经理根据各个环节中成本形成的不同特点进行监督和控制。如，在产品的设计阶段，可以根据目标成本控制设计成本；在产品的生产制造阶段，可以根据定额成本控制产品成本；而编制切实可行的计划、预算则可以控制项目的间接费用。

(3) 揭示成本差异，分析成本差异的原因

成本差异是用来确定成本是节约还是超支的依据，通常是用实际成本与成本目标和成本预算相比较计算出来的。分析成本差异的原因便可以确定责任的归属，进而对成本责任人进行考核和奖惩。一般来说，成本差异主要集中在直接材料费差异、直接人工费差异和间接费用差异三个方面。

(4) 成本反馈控制

完成了以上各部分的程序后，项目经理还需要将成本信息反馈到企业的有关责任部门，使上层领导能够迅速采取措施，保证完成项目。

【项目管理法】 为了将成本信息及时准确地反馈到有关责任部门，项目经理应在项目团队内建立一种完善有效的内部信息系统。

5.控制项目成本要有真功夫

要想有效地控制项目成本，便要经常分析成本的工作绩效，而成本控制一旦失控，要想在预算内完成项目便会十分困难了，因此，控制项目成本非常重要。项目经理该如何去控制项目成本呢?

（1）考察工作活动

为了减少成本开支，项目经理需要考察两大类的工作活动。一是考察近期或是正在进行的工作活动，二是考察预算成本过大的工作活动。在考察过程中，如果发现实际成本和预算成本出现差异，一定要在第一时间采取对策。通常情况下，某一项目活动的预算成本越大，可以调整的空间和可能性也就越大。

（2）调整目标计划

有些时候，无论项目计划如何好，项目团队如何努力，都不能完成项目的执行，这时，便要重新修订项目计划。鉴于前面计划的失败，新的项目计划一定要考虑项目的工作范围是否适当，预算成本是否过于紧张，技术性能是否要求过高，项目进度是否合理等因素。

（3）增加项目预算或降低技术难度

当项目成本处于失控状态，而这种失控的原因来自非人为现象时，便可以通过增加项目预算、降低项目技术难度来调整项目措施。

【项目管理法】 为了控制成本的超支，在很多情况下，项目经理需要同时或交替使用多种方法，这比单纯使用一种控制方法更有效。只有成本得到了控制，项目才能得已顺利开展。

6.合理运用成本控制方法

有效地控制项目成本是项目执行过程中的重要部分，因此，选择有效的项目成本控制方法非常重要。

（1）目标成本控制法

目标成本控制法是目标管理在成本控制中的实际应用。目标成本控制法能增强成本控制的预见性、目的性和科学性。目标成本控制能将事前控制、事中控制和事后控制融为一体，目标成本的控制过程包括制定目标成本、分解目标成本、控制目标成本、考核目标成本等。

（2）定额成本控制法

定额成本控制法可以对项目成本形成过程进行全面控制，及时发现各种费用的节约和超支情况，从而采取措施，有效控制费用的发生。

（3）偏差控制法

成本控制的目的就是尽量减少目标偏差，而这种偏差通常有三种，即实际偏差、计划偏差和目标偏差。目标偏差越小，说明成本控制越好。偏差控制法的步骤通常分为三步：第一步是找出偏差，第二步是分析偏差产生的原因，第三步便是纠正偏差。

(4) 进度—成本同步控制法

在项目执行的过程中，项目经理一旦发现成本与进度不对应，便应把它作为“不正常”现象进行分析，找出原因，并加以纠正。

(5) 成本累计曲线法

成本累计曲线是反映整个项目开支状况的图表。

【项目管理法】 有效地选择成本控制的方法，分清每种成本控制方法的特点，才能有效控制项目的成本。这是项目经理在项目执行过程中的必修科目。

7.有效节省项目成本

在项目执行中的各个阶段尽量节约项目成本是每个项目经理必须要做到的。节约项目成本的方法很多，如：

① 对设计方案进行评估。这一方法既能降低项目成本，又不必牺牲项目产出的技术质量。

② 项目的执行工作必须得到严格的控制。只要职能性工作满足了该项目任务的目标，便可以砍掉多余的费用，以使项目工作得到严格的控制。

③ 避免多余的安全措施。项目经理应该有能力判断哪些投资是为了保证绩效结果而必须采取的安全措施，多余的安全措

施会增加项目的成本，则应该避免。

④ 资源设备购进要“货比三家”。简单而言，便是找到最低的价格和最具竞争力的供应商。

⑤ 对应急预算进行控制。应急预算通常是准备在项目开始显露出无法实现特定目标的时候使用的，必须得到认真的控制，以避免挥霍浪费。

⑥ 项目范畴和资金配置计划的改变要得到客户和管理层批准。

⑦ 在完整信息的基础上签订采购合同。项目经理应在项目进度计划中为准备完整说明采购资料的工作留出足够的时间，以避免根据不完整的采购信息去采购原材料。

⑧ 建立“价格保护”应急预算。这一方法可以抵消供应商提出报价和实际签署订单的时期内发生的成本上涨。

【项目管理法】 合理节约项目成本是在保证项目目标实现的前提下项目成功的一个标志，更是对项目经理有效管理的一个体现。

8.合理控制财务费用

项目经理要采取有效的方法控制财务的合理运行，以确保项目的财务状况良好和项目的顺利执行。要想合理控制财务费用，可以采取以下措施：

（1）合理控制采购订单时间

为了将项目的财务成本减至最低，项目经理可以使用进度松弛时间来拖延下达采购订单的工作，并延迟下达采购订单。延迟采购的做法可以应用到项目的各个阶段。

（2）分期付款

正确分配分期付款的时间可以抵消项目全部或大部分的财务费用，即为项目创造利息收入。

（3）延付货款

在利用供货商为“项目融资”时，项目经理可以考察供货商的定价结构，如可以采取分期付款的方式降低总体价格，为项目带来净利润。

（4）降低保留金

这一方法可以加快项目的现金流入速度，以获得有利的利息费用缩减。

（5）在最短的时间内回收投资

项目的各项花费是一个持续的现金流出过程，而不必要的项目拖延、进程游离等都会拖延资金回收的过程，只有克服这些拖延资金回收的因素，才能使项目完成得越早，投资的回收过程也就越早。

【项目管理法】 在资金成本非常高的情况下，项目经理可以采取分期付款、延迟采购、延付货款等办法激活财务。

9.读懂经济效益分析表

项目执行的根本目标就是获得利润，分析“经济效益”是衡量项目成败的关键。经济效益分析的主要特点是：把注意力集中在一个方案或系统的最终结果对项目实施经济效益分析，即围绕项目对经济、社会、环境所带来的影响进行全面比较，以经济效益参数确定哪些项目应优先建设。

一般情况下，项目经理可以根据财务部门的有关报告，清楚地了解到某一时期项目带来的利润是多少，由此来判断项目的经济效益的好坏。但是，项目经理如果想进一步分析影响经济效益的因素，找到改善项目执行的方法、提升项目管理的策略，就必须借助经济效益分析表。

在项目经济效益分析的报表里，“收益项目”呈现的是项目团队在生产、管理过程中由于质量提升、技术改进、节约成本等带来的利润增加，“支出项目”呈现的则是由于成本增加等造成的额外支出加大。在经济效益分析表的帮助下，项目经理可以快捷地计算出项目的净现值、内部收益率、投资回收期等，让项目的执行保持正确的方向。

此外，身为项目的最高决策者，项目经理需要对整个项目负责。这就要求项目经理必须要掌握影响项目经济效益的各个关键因素，明确左右项目利润高低的各个细节。

【项目管理法】 通过比较“年预计经济效益”“审核后的经济效益”，项目经理可以得出二者之间的“差异”，从而找出经济效益发生改变的原因，为项目团队的管理和决策提供依据。

10.谙熟财务状况控制表

财务控制是指对项目的资金投入及收益过程和结果进行衡量与校正，目的是确保项目的目标以及为达到此目标所制订的财务计划得以实现。财务控制是通过财务状况控制表体现出来的。财务状况控制表是用于记录当日公司财政收支状况及与银行交易状况的一种表格，以便于定期结算。

在财务状况控制表中，左边是“应收账款”，右边是“应付账款”，下面对应着“昨日”与“本日”的一系列金额，以方便阅读和比较。在表格的下方，有与银行发生交易的记录，对应着“结存”“支出”等项目。这种记录，带有“日志”的性质，对每天发生的交易进行跟踪记录，才不至于带来财务上的混乱。项目经理通过财务状况控制表，可以清晰地看出项目在执行过程中每天的财政收支情况。

对于项目经理来说，对每天的财政收支、银行交易做个备份，也是必要的管理手段。一旦日后发生财务上的麻烦，在有案可查的情况下才不至于乱了章法。对项目团队来说，财务状况控制表扮演着档案记录的角色。

【项目管理法】 财务控制在项目的经济控制系统中起着保证、促进、监督等重要作用，在市场竞争愈加激烈、项目团队的生存压力加大的情况下，有着良好的财务控制体系的项目必然占据先机，为项目团队赢得更大的发展空间。

11.对财务细节了如指掌

财务管理是由众多的财务细节组成的，是一个项目团队财务活动、处理财务关系的一项经济管理工作。根据对财务细节的把握，项目经理才能对财务管理的每个环节、具体指标有清晰的了解，从而结合企业各方面情况做出科学决策。在项目的执行过程中，项目经理怎样才能对财务细节了如指掌呢?

（1）从整体上把握项目团队的财务管理

项目经理可以根据自己对财务管理的理解，针对各项具体细节，先拟定一系列的问题，然后请负责每项工作的项目成员回答，判断这些细节的运行是否正常，存在着哪些问题，从而在全局上对财务有准确的把握。

（2）及时发现财务上的纰漏

通过对财务细节的梳理和调查，项目经理可以及时发现这些细节方面存在的纰漏，做到防微杜渐，并有效改善团队的财务管理水平。

（3）为项目团队的整体发展战略做好准备

通过分析财务管理调查表中的细节，项目经理可以在财务上推进长远目标实现，而不是让它拖后腿。

细节决定成败，财务细节不容忽视。对财务细节的把握是为了从整体上对财务更好地管理。

【项目管理法】　财务管理是一项综合性管理工作，除了掌握资产负债表、损益表、现金流量表等重要的报表外，项目经理还要善于通过“财务管理调查表”总揽全局，真正做到心里有数。

12.应收账款须在安全警戒线内

应收账款即应该收回的却没能收回的账款，即拖欠货款、欠债不还的部分。应收账款已成为制约和干扰每个项目正常运行的突出问题，也是令项目经理最棘手和头疼的大事。面对那些赖账的单位和个人，项目经理首先要掌握“应收账款分析表”，并采取有针对性的举措，做好催款讨债工作。

在这个报表里，列出了一年当中12个月份的应收账款分析情况，根据每月的销售情况、汇款情况，再结合每年的销售与回款情况，项目经理就能对特定客户的应收账款进行严密的分析，在此基础上采取灵活的对策，做好债务管理工作。

（1）签订严密的合同

在与客户签订各项合同时，一定要有加盖有效印章的《购销协议》《买卖合同》等具有法律效力的文书，并详细地对货款结算做出规定和说明，如对结款日期做出具体到几月几日的规定等。这样，才会让后期货款催收工作的开展变得有据可依。

（2）控制适当的铺货广度

铺货率广无疑会增加产品的销售机会，但如果铺货范围覆盖了一些无规模、无实力、无信誉的客户，销售量不但不会增加，相反还会增加货款催收的难度，使应收账款的风险增大。

（3）掌握恰当的发货频率

在合作过程中，“及时送货”是一定要保证的，但项目经理可以通过控制发货频率巧妙地向拖欠账款的客户施加压力，达到按时足额结款的目的。

【项目管理法】 根据应收账款分析表，项目经理可以对特定客户的回款情况有深入的了解。同时，为了防止公司被债务拖死，项目经理在催讨应收账款时一定要掌握主动权，先发制人。

13.熟悉成本费用控制表

“成本费用控制表”里列出了做好项目成本控制的多个部分，其中包括“销货收入净额”“代销收入”“直接原料”“交通费”“广告费”等。然后，通过“本月”“上月”“本年累计”“去年累积”的统计与对比，发现各项成本费用的控制情况。成本费用控制是一个项目节流的主要事项，是项目执行工作的重头戏。处理不好，便会威胁到项目团队甚至是企业的生存。

对于成本费用控制表，项目经理一定要学会活用。

（1）团队上下要树立节俭的思想意识

节俭意识树立后，项目经理还要在具体工作中贯彻这种理念。只有上下齐心协力，成本费用控制才能不断改进和落实。

（2）成本费用控制一定要责任到人

项目经理在成本费用控制过程中的主要责任是：在费用预算或发生前起决策性作用；在费用控制过程中起指导性作用；在费用发生后起监督作用。

（3）掌握费用控制的一般方法

这些方法包括：事先预算、事中分析、事后控制、事毕评价等。

（4）在管理实践中掌握成本控制的有效措施

成本费用控制的措施包括：建立层层费用台账，定期对账确认，定期阅读费用信息等。

【项目管理法】　成本费用控制成效会直接影响项目团队的经营效益，因此，无论是项目经理还是项目成员，都要树立节俭的意识，并在具体工作中贯彻这种理念。

项目有了，
看你怎么去执行

第十七章

别为过错找理由：项目执行中不要找任何借口

在项目执行的过程中，难免会出纰漏。知错能改，是可贵的；亡羊补牢，也不算迟。但是，如果相关人员遇到麻烦就找借口，势必影响执行的进度。更可怕的是，执行者缺乏必要的责任心，一个好项目就会陷入万劫不复的境地。项目高效执行，从不找借口开始。

1.找借口寸步难行，找方法前途无量

美国汽车业著名的企业领袖艾科卡曾说：“如果愿意做一件事情，就会有千万条道路；如果不愿意做一件事情，就会有无数个借口。”“找借口”这一人类共有的弱点在职场中也表现得淋漓尽致。

一般情况下，项目执行中有两种找借口的现象是较为普遍的：

① 项目还没有开始，成员一想到可能面临的复杂问题就想尽办法去推脱，例如“不能胜任”“把机会让给别人”等等。其实是根本不想去做，或者说不敢去做。

② 项目刚开始时很努力，但是一遇到困难就想退缩，为了维护面子，不得不找种种借口让自己名正言顺又很体面地放弃。

针对以上两种情况，项目经理要对症下药，前者实际上是自信心缺乏的表现，你只需要为他们提供一些经验参考，让他们对如何应付未知困难做到心中有数就好。后者实际上是软弱的表现，对待这种人，你需要通过反向激励的方法去刺激他冲破阻碍，勇敢向前。比如你可以说“打败你的不是困难本身，而是你的借口”“遇事只懂得找借口的人，永远都不知道自己到底有多大的潜力”等，迫使成员在自我证明的天性促使下，放下包袱，勇敢承担。

在美国南北战争时，林肯曾钦点多位联邦军队的总指挥，却都以战败而终。直到格兰特担任总指挥后，联邦军队屡获战功，并取得了最后胜利。在谈到胜利的秘诀时，格兰特只说了一句话：“不找任何借口！”

【项目管理法】　对于项目经理来说，如何纠正项目成员一遇到问题就找借口、推诿责任的毛病，是提高团队执行力的重中之重。当遇到困难时，项目成员从“找借口”转变成“找方法”时，这个团队的前途将是不可估量的。

2.找借口会让项目团队摔得很惨

我们从小就开始为自己找各种各样的借口：“考试成绩差，因为粗心”“运动会跑了最后一名，因为鞋子不好”“翘课被老师发现，因为运气不好”……为了给自己开脱，我们有永远找不完的理由，久而久之，误以为找借口不是什么可怕的恶习，因为我们只看到借口让我们暂时逃避了困难和责任，获得了暂时的心理舒适，却没看到借口的昂贵代价。

爱找借口的人大都因循守旧，不能适应多变的环境，他们喜欢躺在过往经验规则和思维惯性上舒服地睡大觉。所以一遇到因变动和不适应出现的问题，就把责任都向外推。爱找借口的人一般都有一定程度的拖延症，他们缺乏紧迫感和自制力，只能用借口来掩饰自己的懒惰和不思进取。

对项目团队来说，借口就像是腐蚀团队执行力的毒菌，它会在不知不觉中毁掉一个团队的责任意识和创新意识，会助长团队的惰性，最后使团队在不痛不痒中丧失战斗力。

如果你以为找借口是在欺骗别人，那就错了，到头来你欺骗的是自己原本活跃的大脑和原本充沛的创造力。所以，别再因为成功找到借口，得到开脱，而沾沾自喜了，其实你正在用一个个借口把自己架得越来越高，然后经不起一点点风吹草动的你，会因一个很小的外力重重地跌下来。

【项目管理法】 不管是项目经理还是项目成员，要想保持个人的灵活性和创造力，就必须摆脱人性弱点，遇到问题找出口，而不再找借口。这是对工作起码的尊重，更是对个人能力的淬炼。

3.千万别让找借口成为习惯

人是习惯型动物，成功是一种习惯，失败也是一种习惯。世界华人成功学权威陈安之说："成功和借口不会在同一屋檐下，选择成功就不要有借口，选择借口的人一定不会成功！"

一次怯懦可以原谅，偶尔找个借口也并不可怕，可怕的是一旦逃避和推诿成了习惯，你就会在自欺欺人的沼泽里越陷越深，借口也就成为阻碍自己职业成长的沉重枷锁。

在一本关于职业化建设研究的书中提到过这样一个观

点——“一流的人找方法，末流的人找借口。”习惯找借口的人，就是那群注定被职场淘汰的人。

对于那些有借口综合征的项目成员来说，项目经理就要从细节抓起，帮助他们脱离借口的泥沼，唤醒他们的担当意识。你可以要求他们在工作中制订翔实的工作计划，并独立处理个人工作范畴内的问题；项目经理在接受工作报告时，除特殊情况外，要求项目成员只报告执行的最后结果，不给他们陈述理由的机会，这样他们就会为了提交一个漂亮的结果而想方设法去解决过程中的问题。

摒弃借口、远离借口，敢于承担工作所赋予的责任，正视工作中的困扰和失败，是每个职场人提升个人能力必须具备的素养，也是项目经理管理团队的基本要求。

【项目管理法】 生活目标不明确、工作态度不积极、没有责任感、缺乏创造力的人遇事总会找出各种借口，这是项目团队中的最大恶习，是项目经理必须重视并遏制的习惯。

4.借口是项目拖延的温床

谈起拖延症，都知道它是效率的大敌，今天的事拖到明天，这一刻该打的电话拖到一个小时后，这个月该完成的项目拖到下个月，这个年度该达成的目标进度拖到下一年……面对拖延症，每个人都试图避而远之，但每个人又很难跟它完全脱掉干系，它是人类的通病，只是有的轻微，有的严重而已。

有拖延症意味着自制力差，是意志薄弱的表现。在一个以效率取胜的团队组织里，有严重拖延症的人，一定会遭到集体的诟病和埋怨。

借口是拖延的温床。习惯拖延的人通常也是找借口的行家。每当面对具体的繁杂任务时，他们的惰性就会跳出来为自己庇护，然后借口源源不断地冒出来，好让自己心安理得地轻松一点。

拖延的背后是懒惰在作怪，而借口又恰恰是对懒惰的纵容。所以找到根源，从根本上铲除惰性才是改掉拖延症，不再找借口的最彻底的办法。

① 整理出需要立即执行的工作任务，并从最简单、用时最少的事情依次着手去做。

② 每天从事一件明确的工作，而且不必等待别人的指示就能够主动去完成。

③ 运用切香肠的原理。把庞大的工作分成若干部分，再把每一部分细分成若干步骤，细分到每个步骤既可以在一个工作日内完成，又不至于承受太大的工作负荷的程度。

④ 在日程表上罗列出所有的工作日志。把开始日期、预计交工日期以及其间各步骤的完成期限记下来。这样既能减轻压力，又能保持推动你每天必须前进的基本压力。

【项目管理法】 有了找借口的恶习，工作起来就会拖沓，因为你有充分的“借口”去掩护，如果团队中有几个拖延症患者，那项目质量也会不知不觉走下坡路，它就像潜伏在团队里的慢性毒药，是必须要杜绝的。

5.找借口的实质是推卸责任

优秀的项目成员总是把工作超预期地完成，最大限度地满足客户要求，不仅能很好地完成项目经理指定的任务，还能主动替项目经理解决问题，并尽全力配合项目团队其他成员的工作，面对别人的要求绝对不找借口推辞或拖延。因为他们懂得：找借口的实质就是推卸责任，是对工作的不负责，更是对个人发展的不负责。

面对不如意、不利的情况时，如果你说“这太难了”，“时间不够”，“我一个人无法完成”，“我需要天时地利人和”，除了证明你是个没有责任感、没有担当的人之外，没有任何作用。因为，一个善于调动主观作用力的人是不会轻易被客观条件限制住的，他不会懦弱地屈服于环境，而是竭尽所能地去利用条件，改变现状。

任务太难，你可以想办法、查资料、请教前辈以寻找突破口，而不是敲着脑袋郁闷和抱怨；时间太短，你可以抓住重点问题，快速突破，省略烦琐的过程；一个人完成不了的事，必要时你可以向上级申请援助，或者选择其他渠道协助自己完成任务。

不找借口，是做好本职工作的前提，更是个人发展的需要。责任心不是体现在项目开始前的豪言壮语上，而是任务执行中的点点滴滴中，尤其是面对问题的态度和行动上。

【项目管理法】 在工作中遇到麻烦，人们往往有两种态度：一是找借口逃避责任；二是找方法解决问题。两种态度带来的后果，不仅体现出工作成果的优劣，更体现出工作态度和工作素养的好坏。

6.工作中不要总把自己当成新人

如果你是个行业新人，如果你经验不足，如果你从没遇到过这样棘手的问题，如果你把以上理由作为你工作失利的借口，那么你将长时间停留在“新人”的阶段。这是很多职场人的切身体验。

项目经理要从源头上矫正这种思想，要不把新人当新人，不给项目成员用“新人”当挡箭牌的机会。时刻给成员一种对待熟手一样的信赖和期望，这样一来，他们才会心中有责，眼中有事，手中有活，也会用熟手的标准来要求自己，不会再找那些“名正言顺”的借口为自己犯下的错误开脱。

在项目执行中，你会发现那些借口越少的新人，发展和提升得越快。为什么呢？不是因为他们幸运地遇上了麻烦少的项目，也不是他们总有贵人相助，而是他们从不把自己定位成职场新人，项目执行中遇到难题不是第一时间向外界寻求帮助，或找借口推脱责任，而是选择迎难而上，充分发挥主观能动性去分析，去解决。

项目经理要看到这其中的微妙关系，转变以往区别对待、区别要求新人和老手的态度，用同样的标准和思路去管理项目成员，他们也会报以符合身份的态度去做事，而不是拿新人的身份给自己留后路，找借口。

【项目管理法】　这些年来，通过对培训对象的分析和对众多成功者的研究，我们还进一步发现，“没有任何借口”，也是一个项目团队打造超凡战斗力的关键。

7.执行中不找借口

一次销售例会上，4位项目成员陆续落座，项目经理开始听取各项目组的业绩报表汇报。可是其中一位项目成员没能提交上来报表，项目经理大为不悦，可是他却满腹委屈地解释道：“公司网络出现了故障，报表才没能提交上来。”项目经理听后更加气愤，指责他办事不力，可是他依然振振有词：“网络的问题，又不是我们可以控制的。”

乍一听，这位项目成员确实情有可原，因为网络故障听上去就像“自然灾害”一样不可预测，似乎是一件必须得到原谅的“意外事件”。然而，一切项目执行中的问题解决方法都绝不止一个。

因此，项目经理必须清楚，每个项目成员的借口背后，都隐藏着丰富的潜台词——“太麻烦”“怕惩罚”“丢面子”“拖拖也无所谓”……但借口只是他们暂时躲开麻烦，逃避责任的手段，却不会让问题真的消失。他们因为逃避而获得的那一点心理舒适也会慢慢酿成更大的问题的隐患。所以，项目经理要重视管理制度执行过程中的各种突发状况，培养项目成员强烈的责任意识，该承担的责无旁贷，该面对的正面迎接。

① 项目经理必须在执行中以身作则，做好项目成员的表率，记住，行动胜过说教。

② 在制度贯彻中，制定详尽的制度章程，只有做到凡事有章可循，才能实现执行必严，有错必究。

③ 在问题处理上应严格按制度奖惩，杜绝任何“好人”主义或迁就姑息。

④ 对执行中出现的新问题要酌情处理，并及时对原有的制度漏洞加以修补，使制度对接一线项目执行，万不可将制度束之高阁，而导致制度不完善成为借口滋生的土壤。

【项目管理法】 执行环节是所有计划和管理的发力点，任何制度和管理效用不能落实到执行力上时都是空谈，所以，执行重在找方法，忌讳找借口。这是项目经理在贯彻执行力和责任意识时万不能小觑的一点。

8.项目执行绝不打折扣

在一个项目的实际运作当中，如果你是项目经理，通常会认为自己把该做的工作都做到位了，例如按时召开会议，举行讲座，及时向上级汇报项目的进度，协调好各方面关系，整个过程看起来有条不紊，按部就班，但是最后看到的结果往往不尽如人意。这又是为什么呢？

原因就是，项目经理在项目管理中只注重个人义务和责任的实施，项目结果也一直在心里酝酿和推近，却没有将项目成员的结果意识提升上来。你可能不知道，那些操控项目细节的成员对细微的过程过失正报以得过且过的态度，他们存在着严重的侥幸心理，以为瑕不掩瑜，小小偏差并不影响最终的大结局。所以，当所有执行人员的不良心态和跑偏的执行集合到一起得出最后的结果时，才发现结果并不理想，就产生了人们常说的“豆腐渣工程”。

对细节的重视，就是对结果的重视。细节的疏忽会毁掉一个宏伟的计划。因此，项目经理要通过对每一个项目环节的严格监控，对每一个问题的细致解决，实现项目各环节的零缺陷，这样才能得出不打折扣的完美结果。

【项目管理法】　项目经理要对每个项目环节的执行人员赋以精益求精的工作要求，只有在过程上甄求高品质，才是对项目目标的重视，对项目结果的负责。凡是认为“小问题”不影响“大结果”的侥幸心态必须坚决杜绝。

项目有了，

看你怎么去执行

第十八章

项目团队激励：执行中确保每个人干劲冲天

项目经理的一个重要职责是聚合人心，发挥团队的整体优势。为此，懂得鼓舞人心、善于激发众人才干就成了项目负责人的必修课。一旦众人的工作热情被调动起来，并保持住这种热情，项目执行的过程就会连贯通畅，高质高效。

1.与项目成员保持“和谐”关系

有些项目经理平时面如秋水，不怒自威，项目成员对他下发的任务不敢有丝毫懈怠，而且敬畏有加。有些项目经理平时笑脸迎人，跟项目成员打成一片，一碰上具体的任务和问题时就显得没有威慑力，项目成员也往往依仗与项目经理的私人关系怠慢工作。

那么，究竟什么样的上下级关系才能既保持和谐氛围，又能维护好项目经理的威严呢？其实，最巧妙，也是最安全的距离是若即若离，生活上给人平易近人的感觉。但是一旦遇到工作问题就要立刻转换角色，调动起作为项目经理的严肃和权威性。

这有点像恋爱关系中的拉锯战，亲疏难辨才最能控制一个人。所以，项目经理要注意把握这个距离尺度，既不能把自己抬得过高，让人望而生畏，甚至抵触，也不能过分放松，消磨了项目成员的积极性。

（1）心理距离

这其实是项目经理刻意制造的一种内心距离意识，它可以通过言语或动作的暗示向项目成员传达出项目经理的内心期望距离，这类似于铁面无私的包公，私下里是挚友，公堂之上则摇身变成不可侵犯的判官。这就是包公制造的一种恰到好处的心理距离。

（2）行动距离

这种距离是由项目经理与项目成员间的接触面积和频率来决定的。项目经理和项目成员接触得太近或者太频繁，必然会给工作带来影响，容易造成项目成员的过分放松，甚至肆无忌惮。一旦距离定型，再想调整是很困难的。

【项目管理法】　如果你既想成为一个合格、有权威的项目经理，又想获得项目成员的敬畏，就要做到亲疏有度，张弛有度，这样才能保证项目团队的纪律性和工作激情并存。

2.给予项目成员充分的信任

激发和保持项目成员的工作激情，一个很关键的要素就是给予项目成员充分的信任。一旦项目成员们感觉到了上级的器重和信任，他们一定会竭尽全力地完成任务，从而在心理上平衡项目经理给予的重视。

但是，实际情况是，大部分项目经理对派发下去的任务并不放心，总是试图事无巨细地亲力亲为才算心安。且不说这种行为会造成多少资源的浪费，单单这个信任危机就足以大大削弱项目成员的工作积极性，轻者会产生自卑不满心理，重者干脆破罐子破摔，影响项目成员潜力的挖掘和发挥。

换位思考一下，每个下属都渴望得到上级的信任，无论是人品上的还是能力上的，也希望获得更多处理事情的权利。聪明的项目管理者能通过授权让项目成员发挥其最大的价值。

柳传志经常说："用他，就要信任他；如果不信任他，就不要用他。"无数事实证明，那些获得了上级信任的员工，做起事来的干劲更足，担责的勇气也更大。

项目经理多对项目成员说一句"我相信你"，放权给一线的项目成员，让他们感受到自己举足轻重的地位，他们就会做出举足轻重的贡献。这对提高整体效率将会产生事半功倍的效果。

无论是企业管理者，还是项目团队的领导者，都应该扮演员工"指路人"的角色。领导者只需告知员工目的地、路线即可，具体的执行就要松开手，让成员们放胆去做。

【项目管理法】 项目经理要明白，既然是项目团队的一员，就一定有其存在的价值，所以，一定要让每一个项目成员感受到你传递出去的态度：我相信你。当成员有了充分的被信任感和自主权，才能更加有效地处理问题，提高工作效率。

3.让项目成员相信：我能行

在项目团队中，总有一些天性自卑的项目成员，他们不太相信以自己的能力能把问题处理好。所以，一旦在项目执行中遇到麻烦，就容易胆怯、退缩，然后向上级寻求帮助。这将直接影响项目的执行结果。项目经理能力再强，也不能去亲力亲为地帮助每个项目成员解决最前沿的细节问题。所以，调动项目成员的自信心，提高他们的自我认可度，才是增强团队合力和提升团队温度的好办法。

美国历史上，曾有一位相貌平庸、身材矮小的少年，在自卑情绪的控制下，他终于因为无法忍受自己的一事无成而想到了轻生。这时他的朋友宽慰他说："拿破仑是个矮子，他有个私生子也是矮子，可是他们后来都成功地被全世界人记住了。"少年听后竟然瞬间化悲痛为力量，化缺陷为骄傲，他把自己假想成拿破仑的孙子，并一直这样对外宣称。他认为同是矮子的自己未来也定会有拿破仑一样的成就。

三年后，少年通过努力成了一家大公司的董事长。这时有人调查了他的背景，发现他根本不是拿破仑的孙子。这时少年只是淡淡地说："如今对我来说，是不是拿破仑的孙子已经不重要了，但我却从假想中得到了一个成功的秘诀：只要相信自己，成功就会降临。"

这个少年名叫亨利，从此人们也称这种自信效应为"亨利效应"，代表人因接受了虚假信息或刺激而产生了自信或积极态度，以表现出的超乎寻常的正面效果。

所以，项目经理要从"亨利效应"中有所感悟，并将其变相应用于强化项目成员的自信心上。

【项目管理法】　项目经理要懂得宽容项目成员在工作中的偶然失误，并给他们重拾自信的机会，让他们相信即使失败过，也依然能够找出原因，弥补漏洞，用结果证明：原来，我能行。

4.给成员施加一点工作压力

时下有一种职业病特别流行，那就是“拖延症”。很多人不等到最后关头，就不着手工作。所以，很多时候，项目经理给项目成员分配的任务，一旦期限稍长，项目成员就很容易出现工作拖拉的情况，造成前半程心不在焉，松懈散漫，后半程手忙脚乱，应付差事的局面。

事实上，这跟项目经理施加给项目成员的压力强度有直接关系。适度的紧张感能让成员时刻保持积极心理，即使知道时间富裕，也会把任务放在心上，并在时限内把任务完成得尽善尽美。

有别于前面几节所讲的激励方法的是，这种积极性的调动需要项目经理对项目成员施加一些负面的压力。

台湾台塑集团创始人王永庆认为，只有适度的压力才能培养出人才。王永庆就很善于在企业中营造一个充满压力的环境，其“午餐汇报”是压力管理中最著名的一项。公司规定午饭后，各部门主管在会议室集合进行工作报告，每次王永庆都会提出很多细微而犀利的问题。

为了应对这个独特的“午餐汇报”，每位主管每周都会工作70个小时以上，以保证对所管辖部门各项事宜了如指掌。也正因为这个小小的施压政策，公司各部门工作都安排得井然有序，各部门主管对所有事情也都是信手拈来。

值得项目经理注意的是，压力要有，但是度也要把握。压力的强度绝对不可超越项目成员的能力的极限，否则就会适得其反。因为压力与动力之间存在一种倒U型的关系，适度的压力产生积极促进作用，过度的压力则会严重影响成员的承受力和热情调动能力，导致成员因顶不住高压，而放任自流。

【项目管理法】 稍有压力或富于挑战性的任务，可以让项目成员在心理压力的督促下提高警戒或竞争意识，尤其是当任务完成的优劣与自己的利益多寡息息相关时，他们自然会全力以赴。

5.项目成员想要什么，你就给什么

怎样才能让项目成员工作起来更有激情，对工作结果更加负责？大多数项目经理都知道这个答案——激励。

激励是激发人积极行为的心理过程。激励这个概念用于管理，就是指用各种有效的方法去调动员工的积极性和创造性，使员工努力去完成组织的任务，实现组织的目标。

这就涉及一个名词——“效价”，效价是指个人对达到某种预期成果的偏爱程度，期望值则是行为者采取某种行动，获得某种成果，从而带来某种心理上或生理上满足的可能性。显然，能够满足某一需要的行动对特定个人的激励力是该行动可能带来结果的效价与该结果实现可能性的综合作用的结果。激励、效价和期望值之间的相互关系可见一斑。

根据这一特点，项目经理如果实行有效的激励会点燃员工的激情，促使他们的工作动机更强烈，让他们产生超越自我和他人的欲望，并将自身潜在的巨大内驱力释放出来，为项目的出色完成奉献自己的能量和热情。

如何在项目执行中调动项目成员的积极性和创造力？激励的内核是什么？激励最后又落实在什么上？金钱、职位还是尊重？其实这个答案并不统一。简单点说就是一句话：他要什么，你就给他什么。

总体来看，作为项目经理只需要塑造一个激发项目成员创造力的环境和机制以适应大部分人的所欲所求：

① 创造一个鼓励项目成员开拓创新精神和冒险精神的宽松环境，以及思想活跃和倡导自由探索的氛围。

② 建立正确的评价和激励机制，重用有突出业绩的项目成员。

③ 强化项目团队内的竞争机制，激励人们去探索项目的新动向、新问题，并明确规定适应项目背景的具体目标。

④ 组织项目成员学习新知识，并给予正确的方向引导。使项目成员清楚自己的工作行为将会产生的实际效果。

【项目管理法】 项目经理要想让项目成员有动力，前提是先掌握成员的需求点，并通过满足他们需求去推进项目进程。所以，“要什么，给什么”这种一针见血的激励方式是最奏效的。

6.消除重复工作带来的倦怠

对于职业倦怠，心理学的解释是员工在忙碌的工作过程中，情绪感受随着大环境的变动，而呈现出身心调试不当的负面行为。多发于白领阶层，是一种“都市病”。

现代的年轻人追求新鲜刺激，对于一成不变或千篇一律的生活简直无法忍受，他们尤其渴望挑战新事物，不愿意在周而复始的工作圈子里浪费青春。所以这一代人似乎更容易出现“工作倦怠”——他们常常表现为逃避竞争；强烈排斥办公场所；一遇到问题就焦虑、沮丧，情绪波动很大；对业务指标缺乏动力；对新异事物敏感度降低；等等。

但是，值得关注的是，这种现象不单单是个人情绪和心理问题，个别人的躁动不安也会影响整个项目团队的工作劲头，是项目团队管理的重点关注事项。如果不及时调整，势必造成工作热情丧失和工作绩效下降。

项目经理可以适当采取一些引导的办法，来缓解倦怠成员的消极情绪：

（1）挣脱情绪绑架，做自己的主人

工作任务繁重无趣，缺少个人自由休闲时间是项目成员最大的情绪障碍。这需要项目成员突破自己给自己设定的心理界限，在工作中去延伸触角，发现价值，并在自我价值的实践中感受更多的成就感和满足感，而不是一味地想逃脱，工作不是牢笼，禁闭自己的发现能力才是罪魁祸首。

(2) 转移精力，消除怨气

一个强大的职场人，除了高智商外，还需必备高情商。一个不能控制自己情绪的人就像处在人类发展的低级阶段，只能任坏情绪占据身体，被它挟持，被它毒害。所以加强情绪控制力，是保障生活和工作秩序的基本能力。

【项目管理法】 “倦怠情绪”会引起项目成员心理疲惫，使其对项目失去兴趣，工作效率降低，重者会萌发辞职念头，容易给项目团队带来负能量。因此，消除重复工作导致的倦怠，是项目经理保持好团队情绪，提升执行效率的必要工作。

7.不妨试试激将法

都说人的潜能都是被逼出来的，这话一点不假。当人们真的身处险境时，临危止步的绝对是少数，大部分人都会越挫越勇，倔强奋起。而这些危险，大都是外部环境对一个人欲望或尊严的强烈刺激。所以，作为项目经理，激将法是在点燃项目成员斗志中，绝对不能小觑的一计良策。

所谓激将法，其实就是利用别人的自尊心和逆反心理，使用一些刺激的话或反话去推动一个人做成某事的手段。

例如当你下派给某个项目成员一项具体任务后，项目成员由于种种顾虑或不自信，做出推诿的姿态时，你就可以适当地施以激将法——“大家一直在称赞你业务谈判水平一流，都举荐你来担当这次任务的主力，不过现在看来，大家可能真的是看错你了，没关系，我可以找更适合的人去完成。”

这时候，对方感到自尊心受挫，即使仍然心有余悸，也依然会竭力争取，并暗下决心出色完成，好让你一改对他的不屑和否定。

俗话说：“劝将不如激将。”激将法是项目成员激励管理常用的方法。从心理学层面来讲，不甘心、不服输是人的天性，是人性中普遍活跃的因子。当项目成员的自卑心理压倒好胜心时，就需要你的反向刺激，激发出他们的自信心或潜在积极性，而且这种方法往往是立竿见影，能收获意想不到的成效。

激将法分两种，明激和暗激。明激是以羞辱、贬损等方式一针见血地刺痛对方，继而使他精神为之一振。暗激是以称赞别人的方法间接地贬损对方。比如，“我觉得和你在一起工作得很出色，办事严谨，效率也高。”

虽然正确地运用激将法能收到积极的效果，但激将法不可乱用。项目经理在运用激将法的时候，一定要注意综合考虑成员的性格，或者说话的环境等因素，并加以区别对待。尤其是自尊心脆弱的项目成员，不当的激将会导致他们自暴自弃，一蹶不振。

【项目管理法】　以“刺激”的方式，激起不服输情绪，将其潜能激发出来，从而得到高效的说服效果需要项目经理的口才技巧，更需要项目经理审时度势的眼力，因此使用时要掌握分寸，看清楚对象、环境及条件，不能滥用。

8.让项目成员学会自我激励

自我激励是指个体具有不需要外界奖励和惩罚作为激励手段，能为设定的目标自我努力工作的一种心理特征。

人的一切行为都是受激励产生的，德国专家斯普林格在其所著的《激励的神话》一书这样写道："强烈的自我激励是成功的先决条件。"而不断的自我激励，就会产生一股内在的动力，朝期望的目标挺进，形象点说，自我激励就是我们迈向成功的强大引擎。

作为项目经理，虽说通过主动激励的方式能够带动项目团队的热情，激发成员潜力，但毕竟只能产生时效，很难长期保持住。所以，要想从根本上打造一支骁勇善战、斗志昂扬的项目团队，便需要从他们自身出发，加以矫正。

激励不是项目经理一个人的事情，必须让成员主动与你一起对抗困境、迎接挑战才是高明的策略。调动项目成员的自我激励意识需要从培养成员以下几个方面的能力入手：

（1）自省

自省是发自内心的自我审视和检讨，比一切外界的奖惩都更有效果。所以，你可以定期举办项目总结会议，并专门就项目中出现的问题或纰漏进行项目成员逐个的总结和反思。

（2）感恩

懂得感恩的人，必然是幸福的，幸福的人工作起来也一定是高绩效的。对一个组织激励而言，塑造人的内心世界比提供优厚的外部条件更为重要。所以提高项目成员感恩之心除了从项目团队文化入手，也可以试图塑造一种独有的团队信仰。

(3) 自我实现

自我实现的需要是超越性的，是自我激励的最高境界。这种高峰体验可能带来爱的体验、神秘的体验、创造的体验，等等。让人实现价值感，感到愉悦。这需要项目经理在工作中给予项目成员自我价值实现的通道，给他们一个通向愉悦感的指引。

【项目管理法】 培养项目成员的自我激励能力，并不代表项目经理可以一劳永逸。相反，项目经理需要建立更加开阔、广泛和平等的激励平台，充当支持者、指导者的角色。让项目成员充分发挥自主性，努力展现自我。

9.一个响亮的头衔会调动人的热情

物质虽然是人类的基本需求，但物质的激励却不是永远管用的。随着生活水平的整体改善，精神追求已经逐渐超越物质享受，如果项目经理还企图通过用金钱收买人心的方法调动团队积极性，那就太落伍了。为了使项目成员在保证生活质量的同时获得自身价值的实现，给他们一个响亮的头衔，哪怕只是虚名，也能满足他们小小的心理需求，增强责任意识，提升工作热情。

人是群体性动物，需要社会的接纳和圈子的认可，对于项目经理来说，合理安排虚名头衔能增强项目成员的“归属感”和“存在感”的心理需求，并以此激发其自信心和责任感。所以，项目经理在给成员带上虚名光环时，实际上也为执行力增添了一股能量。

琼斯是某大型工厂的经理，每天经过工厂大门，几乎都会听到门卫抱怨工资低。加上门卫岗位平凡，工资水平低，时间一长，门卫就动了辞职的念头，迫于压力，琼斯不得不批准门卫的加薪要求。本以为加薪能让他们安心工作，但两个月后，门卫又产生了很大的工作情绪。这一次，经理不再用金钱去安抚他们了，而是赋予门卫一个响亮的头衔——防卫工程师，尽管岗位性质没有丝毫变化，但却满足了门卫的虚荣心和存在感。工作起来不仅热情饱满，而且为了配得上防卫工程师的头衔，也格外小心谨慎地坚守自己的门卫职责，其影响比起加薪来要深远得多。

【项目管理法】 项目经理在激发项目成员工作积极性时，绝不能只盯着“薪酬”“奖励”。单纯的物质效应作用时间是很短的。而应该从心理需求出发，由内而外地调动项目成员的正能量。

10.奖励不当，就成了变相的惩罚

职场上，人们一般理解的奖励是对工作能力或成绩的一种肯定与表扬，但事实上，不是所有的奖励都能起到正面作用，有时候也会适得其反。

心理学中有这样一种观点——当一个人进行一项愉快的活动时，如果给他提供奖励，同时奖励又呈现分配不均或递减时，不仅不能起到奖励的激励效果，反而会演变成一种变相惩罚，这就是著名的“德西效应”。

出于激励目的的奖励为什么会带来这样的负面结果呢？其实，“德西效应”改变的是当事人的行为动机。比如，项目成员原本是为了获得领导赏识或实现自我价值而努力工作的，当项目经理错位地施以奖励后，其行为动机就会悄然转变，不知不觉演变成为了奖励而工作，这时候一旦奖励达不到他的期望值，就会产生不满和抵触情绪，从而降低工作效率。

在现代的许多项目团队中，一些项目经理为了激励成员，以竞争带动业绩，设置了表彰制度和奖励机制，但即使奖励诱人，却依然难以实现预期的收效。其根本原因就在这里。

因此，项目经理一定要警惕“德西效应”，在制定奖励措施时，理性地规避这些奖惩误区，科学地理解和施行激励措施。

【项目管理法】　不当的奖励就变成了惩罚，不管是物质奖励还是精神奖励，都不能只考量少数人的情绪，或把表彰、荣誉当人情贩卖，否则原本的激励措施就会在“德西效应”的作用下“变味”，最终好心办了坏事儿。

11.柔性的命令更利于执行

项目经理相当于一军统帅，有点威严也无可厚非，但如果过分强调自己的权力、地位，骄横跋扈，对项目成员颐指气使，必然引起下属成员的不满和反抗，最后会严重干扰执行力。

所谓柔性命令，其实是相对于刚性命令来说的，它更强调尊重、平等和人性，注重下属作为一个独立体的完整性。“春风化雨，润物无声”，有时候放弃绝对的严苛和权威式命令，适当地采取恩威并施的柔性命令，更能收获一个服帖、有序，又充满阳光的项目团队。

曾经有一个项目经理临时接到一个需要紧急处理的项目，虽说利润非常可观，但是任务量相当大，责任也非同小可。这需要整个项目团队连续加班三天才可以完成。这个项目经理没有像一般的领导立刻发号施令，分配任务，而是从容不迫地走到办公区，通知所有项目成员，晚上请大家吃饭。

酒过三巡后，他对项目成员坦诚地吐露了许多心底的声音，例如他的工作烦恼，以及对项目团队的苦心和期望，继而顺势提到了刚刚接手的这个紧急项目。对于项目的紧急性和重要性稍作介绍后，他没有给大家太大的硬性指标和压力，只是说了许多期许和鼓励的话。

在座的项目组成员都被他的真诚和坦率打动了，接下来的几天时间，大家都是主动加班，超负荷工作，终于在时限内超标准完成了任务。这就是柔性命令的力量！

【项目管理法】 项目成员与项目经理一样，都有起码的喜乐哀愁，有情绪，有性格，他们也会有抵制强权的天性，也会有被信赖的感激之情。所以，项目经理在适当的时候放下身段，放下刚强，用柔性去征服项目成员的心，就能收获意想不到的惊喜。

12.建立科学的绩效考评制度

保持项目成员积极的工作心态和健康的工作状态，除了以上所说的情感靠拢和体恤政策外，还必须有一套科学、理性的绩效考评制度，作为辅助的硬性指标考量出项目成员最真实的效率和执行力。

一个科学的业绩考核体系一般包含以下几点：

（1）能力态度考核

衡量各岗位成员完成本职工作具备的各项能力，包括对待工作的态度、思想意识和工作作风等，这类考核一般一年一次即可。

（2）计划考核

即计划完成情况的考核，现在很多项目组在前期制订计划时往往意气风发，夸下海口，真正执行起来却懒散拖沓，把开始时的豪言壮志抛向了脑后，所以，这项考核应该在每个月度和季度进行一次动态衡量，将项目成员的执行力和努力程度进行量化。避免有人浑水摸鱼，只把工作停留在表面功夫上。

（3）业绩考核

通过设定关键业绩指标，定期衡量各岗位成员重要工作的完成情况。此类考核主要在管理层中进行，其中项目经理在季度考核和年度考核的指标是不同的。经理以下其他管理人员只需在年度进行考核。分为硬指标（即定量指标）与软指标（即定性指标）两类。

（4）部门满意度考核

主要考核项目团队各组在日常工作中的配合和协调情况与效果，每季度进行一次。

以上四个部分的内容，恰好在不同的考核周期，针对不同的考核对象，分别进行不同的组合和不同的考核权重，将复杂的管理事宜进行了科学合理的划分，且得出的考核结果往往比较接近于真实情况，具有重要的参考价值。

【项目管理法】 在一个优质的项目团队里，只有健康积极的激励制度，才能起到正面引导作用，而有效的绩效考核制度、完善的薪酬体系以及满足成员的心理和物质需求，才是一项规范高效的激励制度所应该包含的内容。

13.给项目成员设计好奋斗目标

目标具有为实践活动指明方向的作用，反过来，目标也只有通过实践活动才能实现。对于项目成员来说，目标是对工作预期结果的主观设想，是在头脑中形成的一种物质或精神预期所得的主观意识。对项目经理来说，目标就是具体项目的预期目的，为项目指明方向，具有维系项目组各个方面关系，构成整个系统的核心作用。

在传统的工业社会里，薪酬和金钱是所有参与劳动分工的人的共同奋斗目标。但是在现代社会中，情况要复杂得多，人们的需求也不仅限于金钱和物质，需求多样化决定了项目经理在制定项目成员的奋斗目标时要综合考虑多方因素，并作出合理设计，引导项目成员更快更好地形成合力。

每一位项目成员在加入一个团队之前，都会有一个自己预先设定的薪酬标准和环境标准。也可以说是个人的职业规划和成长规划。因此，项目经理在对项目成员进行目标设定和管理时，要根据项目成员的不同方向进行区别对待，个性定制。一般来说，项目经理要实施“目标激励”，要从以下几个方面入手：

（1）确保目标的设定是激励，而不是单纯的压力

只有当目标产生了积极的化学反应，它才有利于项目的执行，如果只是为了目标而设定目标，只会为团队执行带来重压

和阻力。

譬如，有一个电话销售团队，在奖惩机制里规定："一万元以内业务提成为5%，两万及两万以上提成为1%。"这个目标奖励机制看似比较符合利润分配的公式，但是在目标激励上却起到了泄气的作用，因为业绩越高，反馈反而越少。这就是不合理的目标机制。

(2) 让项目团队的整体目标与项目成员的个人目标关联起来

如果激励目标中仅仅是企业的需要，就很难激发起项目成员的执行热情。反之，如果激励目标中处处关系着每个项目成员自身利益的切实需要。那么，成员在执行过程中，就会在维护自身利益的基础上追求更高的目标，如果项目成员人人如此，那么团队就会形成一股强大的合力。

【项目管理法】 在一个项目团队里，实施科学合理的"目标激励"，可以让大家为了满足自己的需要而努力，从而避免"成员围着经理转"、遇事推卸责任，或者仅仅为了完成任务而被迫出力的现象。

第十九章

项目风险管控：
预测项目风险，完善应对方案

任何项目都有无法预知的潜在风险，无论你见识多广、经验多丰富，都不能把所有意外情况考虑周全。为了把项目执行过程中的风险和损失降到最低，你必须在前期进行周密的项目风险管控，通过精细的风险预测和评估，预备好充实的应对方案，防患于未然。

1.熟悉项目控制理论

由于项目执行工作的不确定性和实施过程中多因素的干扰，项目的执行和进展很可能会偏离预期轨道。这时候，项目经理按事先制订的计划朝着最终目标挺进的过程中，根据项目跟踪提供的信息，对比原计划，对出现问题、出现未确定性、存在风险或者不正常的项目管理活动和项目组织进行强制性约束和处置的行为就称作项目控制。所以项目控制过程是一种特定的，有选择的，能动的动态作用过程。

项目控制，首要工作是指导项目符合目标，根据计划对目标和方向进行设定，尽量使项目进展朝着计划确定的方向前进。在计划阶段是预见问题、预测问题；在实施阶段是判断问题、纠正问题，并有效利用资源，提高资源使用效率。

在项目执行的控制过程中，还需要根据实际情况对计划做一些适当调整，使之更好、更方便地完成项目目标，例如团队建设，奖惩措施等。

项目控制主要包括：

（1）控制范围

项目范围的变化是相对于项目计划中指定的最初范围。因为范围的改变会使项目所需时间随之增加，这称为“范围的蔓延”现象。范围的改变意味着要求和工作定义的变化，很可能造成时间和成本的增加。

（2）控制目的

因为范围的变更直接影响工期和成本，控制范围变更是控制工期和成本的重要方面，所以必须仔细识别变更时段和节点，保证改变是有利的，在所有可能的地方收缩和限制变更，并管理变更的实施。范围变更控制通常是通过变更控制系统和配置管理来实施。

（3）质量控制

这一环节是采取预防措施防止错误，排除隐患。保证项目成果符合项目目标。质量控制主要是在项目的计划阶段制订一个质量管理规划或计划。

（4）工期控制

工期控制的作用是使项目遵循工期，使工期拖延带来的成本最小化。即使前期经过细致的项目规划和估算，也很难保证工期不会超标。例如自然天气、项目范围的改变、材料运输的中断都可能造成工期的超标。

【项目管理法】　项目经理要想很好地利用项目控制实现项目的顺利执行和完美收工，就必须首先系统地了解项目控制的基本理念，从宏观角度把握项目控制的几大方面，然后在项目实施的过程中各个击破，这样才能把项目控制的优势作用发挥出来。

2.项目有效监控的十大准则

在日趋复杂的项目风险监控手段中，有些方法在升级，有些方法被淘汰，但是项目经理必须清楚，无论环境如何变迁，在进行风险预测时，行之有效的项目监控必须满足以下十个基本准则：

（1）期限计划一致化

期限计划一致化将使计划具有统一的约束力。项目经理、项目成员、客户要手执一份完全统一的期限计划，只有这样才能保持团队执行与客户反馈的过程中的步调一致。

（2） 目标设定：挑战性与可行性都不可少

没有远见和力度的项目目标是很难激发团队干劲儿的，而完全天马行空、脱离现实的目标也只能让大家望洋兴叹，不知从何入手。所以挑战性和可行性是项目目标的两大基本要素。

（3）成本和期限目标需要遵守，而不是为了利益刻意增减

为了实现低成本和高效率，期限和成本都减少表面上是好事儿，但这在无形中会使整个项目进程和管控出现松动，项目成员为了安全会降低对自己的要求。所以计划目标一定要名副其实，并且严格执行。

（4）方法推进目标实现

项目目标一旦成型，接下来就要靠与之相适应的推进措施

和实现方法来支撑了。周密严谨的措施计划，将更有利于目标进化成现实。

（5）项目执行人员必须参与到项目目标的计划制订当中来

切忌项目经理制订计划，然后对项目成员发号施令。这样目标与执行就成了两张皮。

（6）计划一旦成型，不轻易变动

一切意外情况应当在计划制订当中做出合理预测，而不是计划成型后随意改动。

（7）项目经理应该实时监控计划值与实际值的数据比例

（8）实际值与计划同时记录在案

为了准确估计项目进展情况，应随时关注成本和实际值，并避免在成本环节弄虚作假。

（9）偏差不是惩罚的依据，而是反省的教材

精准无误地实现计划几乎是不可能的，所以必须在每次的偏差或失误当中寻找问题的根源，并加以修正。

（10）各司其职，忌讳越俎代庖

项目执行由项目经理全权把控，但如果情况危急，必要时要向上一级整理汇报，再做定夺。

【项目管理法】　风险监控在计划的制订和执行的衔接上有着千丝万缕的联系，以上十个原则是关系风险命脉的十大主要脉络，项目经理应该认真领悟，并有所应用。

3.防止项目出现“路线偏差”

每项规划都试图预见未来。项目前期的详尽规划就是在为项目执行提供路线图。项目实施阶段，项目经理要跟踪项目进展情况和成员执行情况。实际取得的项目结果要与最初的项目计划进行比对，特别是期限、成本和成员资源等情况。如果发现实际值与计划值产生了偏离，就要进行偏差分析了。总体来说，其实就是一个方针与路线的问题。

容易导致项目出现路线偏差的原因主要有以下几项：

(1) 规划失误

项目影响设计的环节比预见的多。

项目实际操作范围比预想的大。

遇到的问题比想象中复杂。

把不合适的成员安排进项目组。

(2) 项目改动造成执行不力

项目团队内部意见不同意或沟通不畅。

具体执行任务责任分配不明确。

项目内部或与项目客户协调不充分。

忽视潜在风险。

项目执行只关注期限而忽视质量。

结合以上细节指标，判断项目结果 (实际值) 是否达到了预期的效果 (指标/实际比较)。如果实施了纠正措施后依然达不到预期的效果，就需要进行新一轮的偏差分析了，直到实际值达到预期结果为止。

【项目管理法】 项目经理在调控风险和防止路线偏移上的责任就如同一支远洋航行队里舵手的责任，“项目”驶向哪里，队员岗位安排是否合理，途中是否会触礁。这都是项目经理保证这艘大船安全到达彼岸需要正视的几大问题。

4.项目负责人要居安思危

危机意识不只是项目经理每天用来教导或者恐吓项目成员的手段，更应该是项目团队自上而下的统一思想。尤其是作为把握项目整体方向，雄观整体局势的项目负责人，强烈的居安思危意识是建立整个项目团队紧张有序工作氛围的重要力量。

有了居安思危的意识，就能切身感受项目生存发展与个人利益的相关性，就会塑造出更强的团队凝聚力，尤其是在危机真的发生时，团队上下都要有心理预期，也更容易转换成备战迎敌的状态。

有了居安思危的意识，还要有居安思危的行动。项目负责人必须在风平浪静的计划之下做出合理的风险估计。

（1）风险有效识别

哪些外部的影响可能会构成项目威胁，是否有必要采取提前防御，或者说采取防御措施的成本是否低于风险本身。这些问题就是你进行有效风险识别的重要依据。

(2) 对应措施的选择

识别了风险，就要讨论措施的问题了，对于可预知的潜在风险。一套完整有效的风险预防和挽救措施是必不可少的，关键时刻能够力挽狂澜，甚至起死回生。

(3) 风险的重视与忽视

遇到棘手的风险问题是应该停止原有计划还是无视风险，继续执行？这就需要项目负责人在项目之初对所有可能的风险做出轻重划分，而不是在风险降临时临时做出决策，这样更能理性而客观地做出正确裁决。虽然半路杀出的意外事件不可避免，但其实大多风险在项目开始时就已初显端倪。

【项目管理法】 没有无风险的项目，危机也不是一只无法控制的猛虎。只要项目经理做好前期风险评估和完善的预备方案，风险大都可以规避或者挽救。

5.及时观察和考核项目进展情况

很多项目负责人错误地秉承了“重结果，轻过程”的理念，从而形成了泡沫繁华的局面，很多看似高效率、高效益的报表并不一定真实可靠。其次，项目都有严格的期限，进度控制不好必然影响期限计划的完成，甚至会增加项目成本。进而造成各种资源的消耗或违约风险。所以，在项目执行过程中，项目经理必须进行工作进度的管理与控制，对进展情况也要及时观察和考核。

通常来说，项目进度的管理需要掌握以下几点：

① 建立一个严密的合同网络体系。一个较大的工程，是由很多建设者参加的共同体，这样大家利益同体后，可以调动团队积极性，避免相互拆台。

② 确定项目起止日期。即根据项目交期估算、网络图、资源要求与资源共享、作业安排及主要约束条件和工作的提前、滞后说明，采用系统分析法、模拟法、资源水平法、甘特图法、项目计划管理软件等，编制出项目工期计划，并确定时间目标。

③ 建立项目管理的模式与组织架构。即一套规范的工作模式、操作程序、业务制度。

④ 项目实施以后，对整个项目的工期和任务量进行专业分析，将其分成单项目。建立单项的月进度控制图表，以便对单项的月进度进行监控。

【项目管理法】　项目实施过程中的人力、物力、技术管理方面的失误都会给项目实现带来极大障碍。因此，随时了解项目实际完成的进度，发现进度偏差后及时采取调整措施，才是保证项目高效高品质完成的有效方法。

6.“里程碑”切割法

每个项目经理都有自己的一套项目管理手段，每个项目成员也都有自己的一套工作方法，这就使项目管理的把控风险难度大大增加。

为了做好进程监控，防止各种意外风险的发生，也为了减轻项目经理的管理负担，“里程碑计划”应运而生了。“里程碑”是项目中的重大事件，在项目实施中不占资源，是一个时间点，一般是指一个可支付成果的完成。编制里程碑计划对项目的目标和范围的管理很重要，它能协助范围的审核，给项目执行提供指导，项目经理可以通过它查看包括项目名称、对应客户、项目阶段等在内的所有项目列表信息，还可以对项目基本信息、项目跟踪情况、项目合同、项目组成员、项目里程碑、项目文档等内容进行实时监控。

对于项目经理来说，一个优秀的里程碑计划就像一张地图让你对整个局势一目了然，也让项目成员拥有清晰的行进路线。

那么，项目里程碑是如何发挥其管理作用的呢?

(1) 划分子项目，设立里程碑检查点

以里程碑为节点，将整个项目周期分为若干阶段。根据里程碑完成情况，调整各阶段的任务量和时间，从而保障整个项目进度的动态调整和项目质量的监督。

（2）各里程碑与具体角色相关联

里程碑是项目经理进行开发进度控制的主要依据，项目立项确定后，第一件事情就是确定项目进度的里程碑。在里程碑中应清楚地定义每一阶段的开始时间、完成时间、项目负责人和项目阶段成果提交。里程碑一旦确定，各相应负责人应确保按时交付成果，这才便于明确各角色责权范围，确保任务按时完成。

（3）确定里程碑的验证标准

很多项目团队刚开始认真设立了里程碑，却没有设定相应的实际验证标准，以至于无法在项目进行时确认进度，无法实现其管理作用。因此，一个清晰的验证标准，是确保里程碑实现价值的基础。

（4）标明里程碑交付成果的进度

根据里程碑完成情况标明交付成果的进度，使项目成员通过里程碑清楚地观察到项目完成了多少。当项目进度未到达里程碑时要相应地调整。

【项目管理法】　里程碑计划是基于项目展开的，只有通过了解项目的全貌，才能发现里程碑计划的使用技巧。里程碑计划通过建立里程碑和检验各个里程碑的到达情况，实现控制项目进度并保证总目标的实现。

7.执行中及时控制风险

在项目执行过程中，隐患和问题随时可能出现，俗话说“千里之堤，毁于蚁穴”，有些麻烦刚开始时看似微不足道，但是如果不及时修正解决，就很可能酿成大祸。

逃避是大部分人在面对问题时的第一本能反应，尤其是项目成员为了逃避责任，很可能对那些小问题视而不见甚至有意遮掩，这对项目执行和风险把控来说是非常可怕的现象。

所以，项目经理要让项目成员的责任意识强大起来，要敢于直面项目执行中出现的任何大的、小的问题，并及时采取措施解决问题，解决不了问题应该及时上报，将损失控制在最低范围。

项目经理可以从以下几个方面控制项目执行中的问题风险：

（1）问题一经发现，立即启动“项目暂停”模式

虽说项目都有严格的期限，但一旦问题发生了，也不能单纯为了赶进度而将问题轻易带过。因为问题一旦形成，你不解决，它就会慢慢扩张，等到不得不解决的时候，可能产生更大成本损失或更长的期限拖延，从而让企业蒙受更大的损失。所以，发现问题，绝不要吝啬于暂缓项目，解决了问题，才能轻装再出发，提升效率。

（2）前期做好解决问题的资源储备

很多项目成员之所以出了问题不上报，是因为他们觉得上

报也无济于事，还可能遭到斥责， 多一事不如少一事，就得过且过了。所以，在项目筹备时，项目经理就应该给予成员足够的心理准备，让成员知道我们有哪些解决可能出现的问题的通道和资源，至少在问题出现时做到心中有数，一不慌乱，二不盲目。

（3）从根源处斩断，防止问题再次发作

问题出现后，项目经理不要急于去解决表面的具体问题，而是首先开展问题分析会，找出根源所在，然后才能斩草除根，杜绝问题再次发生。

【项目管理法】 问题不是恶魔，它是项目执行中的必然衍生物，及时发现问题、解决问题、总结经验，这是项目执行中除了项目成果之外的更重要的财富积累和成长收获。

8.适时调整项目计划

这世界唯一不变的就是“变化”。没有万全的计划，只有被不断完善、调整，以更好适应环境的计划。

项目实施计划是项目执行的基准，在项目的整个实施阶段，不论项目环境如何变化，项目将进行如何调整，项目计划都是控制项目的最终依据。因此，项目的实施计划要做到具体、可操作性强，并且与项目的总体计划相协调、相适应。同时，项目计划的制订也不是一个静止的过程，而是一个持续的、循环的、渐进的过程，它受到许多因素的干扰，因而要根据实施条件的变化不断修改和调整。

所以，为了及时应对变化，项目经理最好事先为计划好的项目设计预留提前期。

所谓预留提前期，就是在制订工作计划阶段为任务执行中可能出现的意外和突变，预留出工作的提前期。等到需要改变计划和方向时，可以有充足的时间进行规划调整，以保障项目大局的安全和项目执行通道的顺畅。

计划是基本，是导向，但不是绝对的指令。好比一场远行，目的地是确定的，但如何更快捷、更安全地通往这个目的地，则需要我们依照一路上遇到的问题，不断转变思维进行判断、选择，甚至放弃原来的计划，彻底地改航换道才能到达。

【项目管理法】 无论项目计划准备多充分，项目经理的统筹能力多强、执行中依然会面临不可预知的变化。如果项目成员无视环境变化，死守成规，必然导致结果与目标的偏离。既然外界一直是个动态的大环境，我们也不能当一个静态的执行工具。唯有随着环境的更迭及时调整方向和力度，才能保证我们始终向着最初的方向前行。

9.别让过程取代目标

在项目执行过程中，很多项目成员容易犯这样的错误：只顾着执行手头的任务，盯着眼下的问题，却忘了最初的目标和最终的方向。

对项目经理来说，目标管理与过程管理是管理的两个重点，但是过程只是途径和手段，是不能取代根本目标的。目标代表的是“我们要什么”，过程代表的是“我们如何得到”。如果我们把过程和目标本末倒置，那过程就变成了“我们怎么做”，目标则成了“我们会得到什么”。显然，这两者最后得到的结果是大相径庭的。

因此，很多项目成员在解决当下问题时，看上去是在让执行通道变得顺畅，却不一定是通往真正想去的地方。这是项目成员极容易被自己误导的情况。

当然，辩证地看，目标管理与过程管理也不是完全分离的，它们既对立又统一，目标的实现必定包含多个过程的内容，过程的分解又以目标的实现为最大动力。

所以，先明确目标，然后把目标进行分段管理，并始终依据目标适时调整阶段目标和执行方法，才是项目经理的任务。

【项目管理法】　项目经理要注意监控项目成员的工作过程，一旦发现他们的执行过程出现偏离总体规划方向或违背最初目标的情况，就要立即帮助项目成员校正路线，回归正轨。

10.扮演好救火队长的角色

一个项目中包含的细节错综复杂，一个项目的执行过程充满变数，尤其是出现了紧急且危险的状况时，会严重干扰到项目成员的情绪，甚至打击他们的自信心。这个时候，就需要项目经理来挽救局面，稳定军心，做一个险境中的智者，救火队中的指挥大队长。

要想做到救项目于危难之时，项目经理需要做好以下两件事：

（1）领衔队伍，责无旁贷

项目执行主要靠战略做督导，而项目经理则承担着协调各项资源、活动，发挥管理者领导艺术的重任，包括知人善任、合理奖惩、团队纪律建设等。这都是项目领军人需要调配好的各个要点。尤其是当执行过程中遭遇重大挫折时，就是项目经理责无旁贷、勇挑重责的时刻了。这个时候，你必须以饱满的信心和坚韧的意志去感染和激励项目成员，直到坎坷度过，云开日出。

（2）扮演好救火先锋角色

当项目目标转化成一个个具体的执行项目之后，团队将面临各种资源的有效整合和调度问题，一旦战略与组织不匹配，或项目成员之间出现恶性竞争，项目经理必须第一时间冲往一线，亲自解决问题，熄灭所有问题苗头，保证项目执行通道的顺畅无阻。

当然，扮演好救火队长并不意味着要项目经理事无巨细地亲力亲为，而是要在态度上首先做出表率，从而严明团队纪律或增强团队志气。而具体的问题解决方案和实施过程还是要下属成员去落实。

【项目管理法】 项目的战略实施过程是一个复杂而艰难的过程，变幻莫测的危险随时可能出现，项目经理要做的不是竭力去避免，而是用领导人的气场去对抗风险，树立团队信心，有时候，只要信心和决心在，困难就不那么难解了。

11.分析风险，想好对策

在项目执行前，无论多细致的风险考察，多周密的对策部署都不为过。因为，未雨绸缪，防患未然是所有项目经理都应该深谙的道理，是避免一切因侥幸心理而酿成大祸的保证。所以，分析风险、想好对策是项目经理在项目执行前的必须预备动作。

（1）市场行情风险预估

在确定一个项目之前，首先考察该项目的市场情况，最好根据权威的大数据，并进行全面的整合分析后，科学评判该项目的前景及风险比例。因为，失去理性数据分析的项目投资，一定会遭遇潜在的风险的威胁，且往往凶多吉少。所以，科学全面的市场行情和风险预估是一个项目经理的基本功。

⑵ 顺应环境，放眼大局

有了前期的风险评估，不代表一切都可以万事大吉，坐收渔利。在项目开始和进行中，还要求项目经理能审时度势，掌握市场动向，以便顺应环境做出必要的项目进程调整。通常，一个高明的项目经理人不会是亡羊补牢，而是见微知著，先发制人。

⑶ 跟着浪潮走

项目执行时，无论你愿意与否，你都必须承认并遵循市场规则，跟着大的市场浪潮走。只有这样你才能灵活应对，避开危险区域，保证项目平稳向前。

⑷ 占据先机，保持主动地位

市场上的机会并不是很难发现的，关键在于谁能在机会面前果断出手，占领先机。同样，项目施行的计划和行动也要先于市场，一旦行情发生变动，你必须先于竞争对手，或是先于市场起伏做出计划调整。把握了主动权，项目成员执行起来才能成竹于胸，游刃有余。

【项目管理法】 面对瞬息万变的环境、危机四伏的市场，项目经理担任着选择作战方向、制定作战方针以及实施作战计划的要务。所有脱离市场大环境、蔑视市场规则的人，除了与风险为伴，别无选择。

12.逃离项目控制的误区

项目控制是指在项目按事先制订的计划朝着最终目标挺进的过程中，由于前期工作的不确定性和实施过程中因素多变的干扰，项目进展难免偏离预期轨道。为此，项目经理根据项目跟踪提供的信息，对比既定目标，找出偏差，分析成因，研究对策，实施纠错等都成了项目控制的全部内容，而且项目控制过程是一个特定的，有选择的动态过程。

在进行项目控制时，项目经理主要负责的是对出现的问题、不确定性、风险或者非正常的项目管理活动和项目组织进行强制约束和处理等。

在项目控制的操作方法上，需要根据具体情况采取相应措施，尤其要避开项目控制误区。例如在项目变更和项目变化的区分上，就很容易判断失误。项目变更一般是指当项目基准有变时，项目的质量、成本和计划也会相应发生变化，为了实现项目目标，就必须对项目发生的各种变化采取应变措施的行为。

而项目变化是指项目的实际情况与项目基准计划产生了偏差。但是项目变化并不代表项目一定发生变更。项目变更要采取必要措施，而项目变化可能不需要。

【项目管理法】　项目经理控制的目的并不是控制变更的

发生，而是对变更进行有效管理，确保变更有序进行。对于项目本身来说，可能发生变更的环节越多，变更控制的重要性就越突出。

第二十章

做好项目收尾工作：
让你的工作有一个完美的结局

经历过了周密的前期部署、烦琐的执行过程，终于到了验收成果的时候。在项目收尾阶段，切忌虎头蛇尾，急于交差。做好项目的回顾和总结工作，才能给项目画上一个完美的句号。

1.为项目委托人准备检查清单

到了项目收尾阶段，执行总负责人要为项目委托人准备好一份检查清单，进行工作交接。这体现了双方的责任意识与合作精神。具体来说，这份检查清单包括以下内容。

① 项目目标达到了吗？

② 委托人对项目结果满意吗？

③ 委托人的要求有没有未实现的地方？

④ 项目是否有缺陷或错误要弥补？

⑤ 什么时候进行这些补救工作？

⑥ 何时进行项目成果移交工作？

⑦ 项目委托人对结果陈述还有其他需求吗？

⑧ 所有重要资料、数据载体等都交给委托人了吗？

⑨ 团队什么时候、如何解除工作并解散？

⑩ 是否将项目列入了推荐名单？

⑪ 对方是否有后续委托工作？

【项目管理法】 做好项目管理与执行工作，一个基本原则是善始善终。在项目收尾阶段，与项目委托人进行交接，事先准备好检查清单，是必不可少的环节。

2.与客户进行项目交接

项目经理提交项目成果的时间一般集中在项目收尾阶段，这样便于客户如期、正确地使用、维护、改造项目，并获得他们的预期效益。

项目成果的提交实际上是生产和管理技术的转让，只有把项目的成果转交给了客户，才能保证项目所有者独立使用项目成果，取得项目收益。作为项目经理，你应该与客户进行以下两个方面的交接：

（1）技术交接

主要是指项目收尾时整理出来的技术资料及项目最终成果。在这个过程中，可交付的成果主要包括项目成果的使用、操作和维护的技术、系统人员和有关文件。

项目推进过程中形成的文件作为项目成果依据，需要由项目经理悉数提交给客户，而客户也可根据这些成果文件，来判定项目推进是否实现了自己的预期效果。

（2）组织交接

在组织交接的过程中，需要交付包括项目执行过程中建立起来的成果管理系统、组织机构与管理体制的改革及软、硬件配置等。等到项目成功提交给客户方并确认签字后，项目执行才算真正告一段落。

【项目管理法】 收尾阶段的提交项目成果步骤是很关键的，项目经理不能因为急于结束该项目，而像走过场一样去草草收场。只有认真进行技术和组织交接了，才能避免项目成果交付之后，客户方产生许多疑问和麻烦。

3.掌握项目结果评估的方法

个别不成熟的项目经理经常犯一个低级错误，那就是项目刚刚结束，就迫不及待地提交给客户，并暗自高兴自己如期完成了任务，而忽略了识别项目成功指标的过程。结果一旦出现了不达标的纰漏，就会遭到客户的埋怨和指责。

为了避免这种低级错误的出现，项目经理要掌握项目结果评估的方法。虽然每个项目经理都在管理经验的积累下形成了各不相同的评估方式。但都不外乎以下三点：

（1）是否实现项目预期

虽然实现预期目标是最好的结果，但完全与预期目标吻合的概率却非常低，要么高于预期，要么低于预期。一定范围内的偏差是允许的，但如果总是偏离太远，项目经理就该重视了。超出预期，意味着执行太保守，有损客户利益，低于预期，则意味着目标设定不合理，需要调整计划或执行方案。

（2）全面观察项目效果

有时候，项目目标虽然实现了，但是却给客户、项目成员或其他人带来了负面影响，落得了他们的满腹抱怨，那也不能算是好的项目结果。

(3) 跟踪项目影响

项目的结束只是项目效用的开始，项目是否给客户带来效益，给自己带来良好的声誉或影响，都是项目经理应该考核的和计入项目结果的。

【项目管理法】 项目经理通过对项目结果的逐一判定，就会对项目结果做出理性而科学的估计，也便于对未来项目目标的设定、执行计划的管理有个数据和经验的参考。

4.评价项目成功的标准

成功是项目受益者的终极目标，但实际工作中因为各利益方不同的立场和期望，对项目成功的评价标准也没有一个绝对的标准，就连衡量项目成功的个别指标也经常发生意见不一。优秀的项目经理要想高效地进行项目管理，获得项目成功，就无法绕开如何确定项目是否成功的问题。

传统项目成功标准都是套用项目过程管理的成功标准，即铁三角标准（进度、质量、成本）。这个标准要求项目经理按照项目进度计划的要求，保质按时交付项目成果，且成本控制在预算范围内。因为这三个指标都客观易测，所以被广泛地应用和推崇。

随着外部竞争加剧，项目利益相关者要求不断提高，传统成功标准的局限性日益显现。信息革命的浪潮使我们不得不关注“人”的因素，“满足项目利益相关者需求”逐渐成了衡量项目是否成功的重要标准。

（1）客户满意

项目成果是为客户创造价值的，只有达到了客户满意的目标，才能获得投资回报。

（2）高层满意

高层提供了项目建设过程中所需的设备、资金和人力等资源，是支撑项目获得成功的决定性力量。只有高层满意，才有机会获得持续的投入和支持，从而整合各方力量突破困难，实现目标。

（3）项目团队满意

项目团队成员是最辛苦、最前沿的人群，只有兼顾项目团队成员利益，才能充分施展项目参与者的潜力，在后续进程中延续项目优势。

【项目管理法】 项目成功标准不是单一的。项目的最终成果所产生的影响也是至关重要的。只有项目利益相关者能够最大限度地获取利益，并和谐一致，才算得上项目的最大成功，才是项目经理的才能体现。

5.指出项目中存在的问题

在项目团队中，有表现好的，就有表现差的，有灵通的，就有木讷的。出于对项目成果及项目成员负责的态度，项目经理应该在项目成果提交后，对整个项目执行过程进行总结分析，直指不足，重点强调，不能因为私人感情或碍于面子而得过且过，为以后的项目执行留下隐患。

但凡事都讲究方式方法，项目经理在做出指正时要注意以下几个方面：

（1）自我检讨先行

项目经理要想让项目成员对你的看法和指正信服，就得先从自我反省开始，如果你的个人检讨够中肯，够诚意，那么当你对项目成员提出批评或要求时，他们也会心悦诚服的。

（2）用事实说话

如果项目成员对你提出的批评和建议并不服气，那就需要你拿事实证据来说话了。项目经理要拿出由于项目成员的过失给团队造成的直接伤害，给项目成果带来的直接损失。这个证据可以是数据，可以是客户的反馈，也可以是其他成员的意见。总之，要让他看到自己的行为后果，而不只是单纯停留在批判他的行为本身上。

（3）态度，妥当拿捏

指正的过程本来就是一个不愉悦的过程，既要让项目成员心服口服地接受批评，又要顾全下属的尊严和面子，这个力度是需要小心拿捏的。所以项目经理指出项目成员缺点的时候，既要保持严肃、认真的态度，又不能太刻薄，最好给成员一种就事论事的态度，千万不能掺杂个人情绪进去。

【项目管理法】 批判不是目的，改进才是核心。项目经理不要把批判当作惩罚一样去强加给项目成员，这样百害而无一利，只能激发项目成员的叛逆心。而让人又敬又怕的形象才是最讨巧，也最能令人折服的。

6.肯定项目成员的成绩

项目经理在评判项目成员的工作业绩方面，一定不能以成败论英雄。更不能因为项目失败而一竿子打死所有项目成员，全盘否定所有人的努力。当然了，项目成功了也不能把功劳都揽到自己身上，让成员受委屈。项目结束后，项目经理在调整好个人心态的同时，也应该对表现突出的项目成员给予相应的肯定和嘉奖。记住，对一个领导者来说，“人心”比“成败”更重要。

哈佛大学的哈斯教授曾说过：“无论是谁，要在一个组织内做好，就首先要做好一点：推功。”因此，当项目成员向你交了一份优异的业绩单时，你要由衷地肯定他们的能力，并感谢他们为此做出的努力或牺牲，至少让成员感觉到自己的每一份行动都产生了价值，即使项目失败了，也不是徒劳。

值得注意的是，项目经理在肯定项目成员成绩时，要尽可能具体，让他看到自己的优势之余，也给其他项目成员一个清晰可见的范例，给他们一个努力填补的方向。其次，还要做到实事求是，按功授爵，万不可夸大事实。否则不仅会使受褒奖者自恃过高，也容易引起其他成员的嫉妒心，影响团队气氛和团队凝聚力。还有个别人觉得公开嘉奖会给自己带来无形的心理压力，因此，项目经理也要因人而异地给予表彰，保证既满足了成员的心理需求，又能在全局形势上发挥积极作用。

【项目管理法】　重赏之下必有勇夫，能力需要认可，成绩需要奖励，这是项目经理从人力资源管理的角度完善项目成果的方法，也是激发成员工作激情、制造潜在竞争的一种有效手段。

7.让失败的成员再接再厉

在很多项目团队里都奉行军队的一些法则，比如胜者为王，败者为寇。业绩突出的不仅会受到上级的表彰，还会获得物质上的奖励，可谓名利双收。而剩下的人或者在项目执行中产生过重大失误的人，只能默默地接受指责，甚至是埋怨。这部分人常常要经历一段很长的失意期，有时还会影响接下来的工作状态和项目进程。

有一个人表现出色，就意味着有一个表现一般的人跟他形成了对比。更何况在一个项目团队中，有一个成果优异的人凸显出来，就意味着有一群人要成为他的陪衬。其实，每个项目成员在项目起跑线上都是冲着最高桂冠而去的，只不过在项目执行中的各种主观和客观因素的影响下，有些人脱颖而出，有些人悄悄沉没，所以在项目成果提交后，有的人成为赢家，有的人成为所谓的失败者。

因此，项目经理作为管理者要善于营造一种宽容的团队环境，让那些暂时遭遇瓶颈或暂时不成功的人感受到你的信心与包容，为他们将来潜力的爆发加足动力。

因此，当一个项目成员的工作表现没能达到你的预期时，不要轻易否定、训斥，甚至是放弃。你的担心和质疑只会给当事人以打击，给旁观者以负面压力，对于团队氛围和团队积极性来说没有任何好处。你不如换种方式，越是失败的人，越表现出对他们的宽容与真诚，并通过柔和的态度对他们提出建议和期望，或是用具体的解决方案帮助他们克服自身弱点，化腐朽为神奇。

【项目管理法】 成功和失败都只是阶段性的，有些失败只是暂时不成功，项目经理要善于发掘和鼓励那些有潜力的人，鼓励他们踢开绊脚石，更快地发挥自己的优势，让一个虚弱的微光将来也可以大放光彩。

8.对项目执行进行全面总结

总结是为了提高，思考是为了做得更好。对于项目经理，尤其是年轻、经验不足的项目经理来说，每一次项目结束后的经验总结会议和记录是提高个人能力的必修课。所以，你不妨在一个项目完成之后，给自己一个短暂的休整期，让项目成员有个喘息的机会，也让自己有个回头审视的时间。吸收完教训，总结好经验后，再整装待发。

人与人的智商其实差不了多少，可为什么相同的起点下，有的项目经理能在短时间内获得快速成长？有的项目经理却总是在同一个位置跌倒呢？关键就在于他们一个懂得知错能改，一个则把原因都归咎于外部因素，从来不做自我检讨和经验总结。所以经历对后者来说只能是一种感受，却无法变成经验和财富。

如果你不想成为后者，那么从现在开始，面对每个项目要做到有始有终，不论成败，都要静下心来进行一次深刻的总结和反省，把好的经验积淀下来，把坏的教训警示出来。这就好比象棋博弈中的“复盘”，也就是说每次博弈之后，把先前的作战路线重新走一遍，并分析其中的心理因素、外部因素等，从而对自己的成败得失做出理性的判断，同时找出自己的不足，在下一次的博弈中才能趋利避害，拥有更大的胜算。

必要时，项目经理也可以把重要项目的经验总结做成报告的形式，并分享给项目团队，让项目成员能有一次站在宏观角度观察项目得失的机会，然后再回归到个人立场去思考如何在下一个项目中弥补缺失。

【项目管理法】 一个项目结束了，不代表万事大吉，更不要急于投入下一场战役中，要学会借助文字或图表，将项目中得到的经验，出现的问题进行一一归纳。项目经理要通过经验的积累，让每个项目都能推动团队向前迈进一步，而不仅仅是为获得眼前的项目利润。

9.将本项目经验推广

在这次项目执行中，我方积累了一系列的经验，涉及专业、组织、方法、人员等诸多方面。这对项目负责人及团队来说，是最大的财富。把这些实际经验运用到将来的工作中去，能赢得更多发展机会，并在日后项目执行中驾轻就熟，提升效率与效益。

（1）重视项目执行经验

在一个项目中，经验来自每一位项目执行者，大家都有不同的感受和体会。因此，项目总负责人必须及时做好经验总结工作。当然，这里既有成功的经验总结，也有失败的教训回顾，它们都能提升项目执行团队的水平。

（2）保存好项目执行相关数据

在项目执行中会形成众多数据资料，项目经理要确保相关人员保存好这些数据，并进行归档，方便日后查阅、参考。所谓经验，更多体现在这些具体数据上，这是项目团队的第一手数据资料。项目经理必须发挥这些数据的价值，在以后的执行中进行参照，绝对不能以“知识保密”为由将其束之高阁。

【项目管理法】　在项目收尾阶段，及时进行经验总结，保存好原始数据，可以为日后推广项目经验提供很大帮助。这次完成了一个小项目，下次就要接受一个大项目，有这样的追求才能成为项目执行的高手。